Moritz Seyffert, Albert von Bamberg

Dr. Moritz Seyfferts Hauptregeln der griechischen Syntax

als Anhang der griechischen Formenlehre von Carl Franke. Erste Auflage

Moritz Seyffert, Albert von Bamberg

Dr. Moritz Seyfferts Hauptregeln der griechischen Syntax
als Anhang der griechischen Formenlehre von Carl Franke. Erste Auflage

ISBN/EAN: 9783743695368

Hergestellt in Europa, USA, Kanada, Australien, Japan

Cover: Foto ©ninafisch / pixelio.de

Weitere Bücher finden Sie auf **www.hansebooks.com**

Dr. Moritz Seyffert's

Hauptregeln der griechischen Syntax.

Als Anhang der

griechischen Formenlehre von Dr. Karl Franke.

Bearbeitet.

Dr. Albert von Bamberg,
Director des Gymnasiums zu Eberswalde.

Elfte Auflage.

———————

Berlin.

Verlag von Julius Springer.

1873.

Vorrede zur elften Auflage.

—— ——

Seyffert's Hauptregeln der griechischen Syntax erscheinen diesmal in wesentlich veränderter Gestalt. Die lange gehegte Scheu, die eingreifenden Änderungen, deren Notwendigkeit ich erkannt hatte, wirklich vorzunehmen, wurde endlich von den lauten Mahnungen überwunden, welche von Nah und Fern, zuletzt und am eindringlichsten von einflußreichster Seite her an mich ergingen.

Seyffert's Absicht war nicht darauf gerichtet gewesen, eine systematische griechischen Syntax zu geben: er wollte, ohne den Gebrauch einer solchen auszuschließen, nur das Lernenswerteste wesentlich unter dem Gesichtspunkt einer Vergleichung mit der lateinischen Syntax einfach zusammenstellen. Nun haben aber wider seine Erwartung die Hauptregeln nicht nur eine sehr große Verbreitung gefunden, sondern sind auch an nicht wenigen Gymnasien die einzige Grundlage für einen zusammenhängenden Unterricht in der griechischen Syntax geworden. Wenn diese Tatsache die Anerkennung des gesunden pädagogischen Gedankens enthielt, daß die syntaktischen Kenntnisse nicht vorzugsweise einer erschöpfenden Darlegung aller syntaktischen Erscheinungen wenn auch nur auf dem Gebiet der attischen Prosa, soweit sie den Schüler bekannt wird, sondern ganz wesentlich der erfrischenden Quelle selbst unmittelbar entnommen werden müssen, und wenn darum bei der Vermehrung des Lernstoffs strenges Maß gehalten werden mußte, so war doch nur um so mehr die Forderung berechtigt, daß die Hauptregeln leisteten, was aus der Lectüre nicht gewonnen werden kann: sie mußten Anleitung geben, die Mannichfaltigkeit der Constructionen, wie sie die Lectüre in bunter Reihenfolge vor Augen führt, zu ordnen und im Zusammenhang eines grammatischen Systems richtig zu beurteilen. Das war eben der Punkt, wo die Hauptregeln weder der Stellung, die sie sich errungen, noch den Fortschritten völlig entsprachen, welche das Verständnis der griechischen Syntax gemacht hatte. Hier mußte also auch eine neue Bearbeitung des Buches ihre nächste und wichtigste Aufgabe finden.

Die Verweisungen auf das Übungsbuch habe ich wieder weggelassen, weil ich in die vermutlich noch in diesem Jahr erscheinende sechste Auflage dieses Buches einen ausschließlich der Einübung der Syntax gewidmeten Teil aufzunehmen gedenke.

Dagegen habe ich die Zahl der griechischen Beispielsätze von Neuem vermehrt. Es hat mich gefreut, daß die Verse, welche ich, gewiß in Seyffert's Sinn, einzelnen Regeln beigefügt hatte, von Hirschfelder in seiner freundlichen Besprechung der zehnten Auflage (Zeitschr. f. b. Gymnasialwesen XXXII S. 244 f.) beifällig begrüßt worden sind. Ihre Zahl ist auch diesmal wieder vermehrt, daneben aber eine Reihe von prosaischen Beispielen namentlich aus Plato's Apologie und Kriton hinzugekommen. Auch in Zukunft werde ich, nachdem ich mich überzeugt, daß durch die neue Bearbeitung der Umfang des Buches nicht erheblich vergrößert worden ist, auf die Vermehrung der Beispiele bedacht sein, immer aber daran festhalten, daß dieselben auch ihrem Inhalt nach lernenswert sein müssen.

So muß ich überhaupt mich und andre auf manche Verbesserung vertrösten, die eine spätere Auflage bringen soll. Denn leider hat sich mir gerade in der Zeit, in welcher die vorliegende Bearbeitung abgeschlossen werden mußte, mancherlei hemmend entgegengestellt, und meine Berufung zum Director des Gymnasiums zu Eberswalde war keineswegs geeignet, ruhiges Arbeiten zu begünstigen. Ich habe daher geschwankt, ob ich nicht die Hauptregeln noch einmal unverändert herausgeben und eine größere Umgestaltung auf eine gelegenere Zeit verschieben sollte. Möchte es dem Buch nicht schaden, daß ich zuletzt doch das Bessere nicht zum Feind des Guten werden ließ! Sollte dieser Wunsch in Erfüllung gehen, so werde ich es wohl wagen dürfen, dem Gedanken einer Vereinigung von Franke's griechischer Formenlehre und Seyffert's Hauptregeln zu einer griechischen Schulgrammatik näher zu treten und dann auch die Verpflanzung der Präpositionen aus dem Anhang der Formenlehre hinter die Casuslehre in's Auge zu fassen.

Zum Schluß habe ich noch Herrn Professor Schnelle in Meißen für die vielen Verbesserungsvorschläge, die er mir brieflich mitgeteilt hat, meinen aufrichtigsten Dank auszusprechen und die Bitte hinzuzufügen, daß er seine einsichtsvolle Hülfe mir auch künftig nicht versagen möchte.

Berlin, d. 8. April 1878.

Dr. Albert von Bamberg.

I. Vom Artikel.

1. Der Artikel in demonstrativer Bedeutung.

Der Artikel hat die ursprüngliche demonstrative Bedeutung in § 1 der attischen Prosa in folgenden Verbindungen bewahrt:

1) ὁ μέν — ὁ δέ der eine — der andere (durch alle Casus), τὸ μέν — τὸ δέ und τὰ μέν — τὰ δέ teils — teils,

2) ὁ δέ und im Acc. m. b. Inf. τὸν δέ der aber, sowie καὶ τόν und der (Nom. καὶ ὅς s. § 159 Anm. 1),

3) τὸν καὶ τόν den und den, τὸ καὶ τό das und das,

4) πρὸ τοῦ vordem.

2. Der Artikel bei Substantiven.

1) Der Artikel steht bei Gattungsnamen   § 2

a) individuell, wenn dieselben bekannte oder durch den Zu=
sammenhang bestimmte Individuen,
    Φυλάττεσθαι δεῖ τὸν ἄνθρωπον (vor dem Menschen = vor
    Philipp).

b) generell, wenn sie die ganze Gattung bezeichnen sollen:
    Ὁ ἄνθρωπος θνητός ἐστιν (der Mensch = alle Menschen).

2) Eigennamen bedürfen des Artikels nicht; merke aber: § 3

a) Soll eine Person als bekannt oder als vorher erwähnt
bezeichnet werden, so wird der Artikel zu dem Namen, oder
wenn eine Apposition hinzutritt, zu dieser hinzugefügt, z. B.
ὁ Σωκράτης und Σωκράτης ὁ Ἀθηναῖος, der bekannte oder
vorher genannte Sokrates (aus Athen).

b) Ländernamen erhalten gewöhnlich den Artikel:
       ἡ Ἑλλάς, ἡ Ἀσία.

c) die Eigennamen der Flüsse, Berge und anderer geographischer Be=
griffe stehen, wenn sie mit ihren Gattungsnamen gleiches Geschlecht
haben, zwischen dem Artikel und dem Appellativum, z. B. ὁ Εὐφρά-
της ποταμός, τὸ Πήλιον ὄρος, τὸ Αἰγάλεων ὄρος, dagegen Πίνδος
τὸ ὄρος, (ἡ) Γεράνεια τὸ ὄρος.

3) Einzelne Gattungsnamen stehen ohne Artikel, sofern § 4
sie die Geltung von Eigennamen erhalten; merke:
βασιλεύς der Perserkönig (μέγας βασιλεύς der Großkönig), ἐν
ἄστει in der Stadt (Athen).

§ 5   4) Der Artikel fehlt ferner:

a) oft bei concreten Verwandtschaftsnamen, als πατήρ, μήτηρ,
γονεῖς, ἀνήρ, γυνή, παῖς, ἀδελφός (παῖδες καὶ γυναῖκες formel=
haft wie Weib und Kind).

b) oft bei abstracten Begriffen, und zwar:
   1) bei den Begriffen von Tugenden und Lastern, Künsten und
   Wissenschaften, wenn sie nicht näher bestimmt werden, z. B. ἀρε-
   τήν, τέχνην, λόγους (Redekunst) ἀσκεῖν, μουσικὴν μανθάνειν,
   2) bei den Accusativen der Beziehung ὄνομα, γένος, μέγεθος,
   πλῆθος u. s. w., s. § 27, b, 1.

c) immer in formelhaften Zeit= und Ortsbestimmungen, wie ἅμ᾽
ἡμέρᾳ, ἅμ᾽ ἕῳ, ἅμ᾽ ἡλίῳ ἀνίσχοντι, μέχρι δείλης, ἀφ᾽ ἑσπέρας,
διὰ νυκτός und ἐν δεξιᾷ, ἐν ἀριστερᾷ, κατὰ μέσον, ἐπὶ δόρυ und
ἐπ᾽ ἀσπίδα (rechts um und links um, in der Soldatensprache), κατὰ
γῆν καὶ κατὰ θάλατταν (zu Wasser und zu Lande), κατ᾽ ἀγρούς
(ruri), sowie bei μέσαι νύκτες Mitternacht und bei allgemeinen
Zeitangaben durch den Gen. temporis, s. § 54.

3. Der Artikel im attributiven Satzverhältnis.

§ 6   Die attributiven Bestimmungen eines Substantivs durch

1) Adjectiva und Participia,
2) Pron. prossessiva (§ 14, b),
3) Genitive von Subst. (und Pron. refl. und dem., s. § 14, b),
4) Adverbia,
5) Präpositionen mit ihren Casus
stehen entweder 1) zwischen Artikel und Substantivum oder
2) mit wiederholtem Artikel hinter dem Substantivum
(Attributive Stellung):

   1) ὁ σπουδαῖος μαθητής der fleißige Schüler, ἡ τῶν Περσῶν ἀρχή das
   Perserreich, ὁ νῦν χρόνος die Gegenwart, ἡ Μαραθῶνι μάχη die
   Schlacht bei Marathon, ἡ ἐν Λεύκτροις μάχη die Schlacht bei Leuktra,
   2) ὁ μαθητὴς ὁ σπουδαῖος, ὁ δῆμος ὁ Ἀθηναίων, ἡ ἀρχὴ ἡ τῶν
   Περσῶν u. s. w.

Anm. 1. Seltener geht das Subst. ohne Art. dem mit dem Art. ver=
bundenen Attribut voraus, z. B. περὶ ψυχῶν τῶν ὑμετέρων ἀγών
ἐστιν um euer Leben handelt es sich.

Anm. 2. Der attributive Genitiv kann auch vor dem Artikel
oder ohne Wiederholung des Artikels nach dem Subst. stehen, z. B. τῶν Περσῶν ἡ ἀρχή und ἡ ἀρχὴ τῶν Περσῶν. Diese Stellung hat notwendig der
gen. partitivus (s. § 31, 2): ὁ δῆμος τῶν Περσῶν (das gemeine Volk, i. Ggs.
zu den ὁμότιμοι) und der attrib. Gen. des Pron. person., s. § 14, a.

4. Der Artikel und das Prädicatsnomen.

§ 7   Bei dem Prädicatsnomen fehlt der Artikel:

Τὸ θαυμάζειν ἀρχή ἐστι τῆς σοφίας. — Ξενοφῶν στρατηγὸς
ἀπεδείχθη. — Ἀλέξανδρος ἔφασκεν εἶναι Διὸς υἱός. — Κτημά-
των πάντων τιμιώτατόν ἐστιν ἀνὴρ φίλος (das wertvollste). —
Ταύτην μοι καλλίστην δωρεὰν ἔδωκας (damit machtest du mir
das schönste Geschenk).
Ἀεὶ κράτιστόν ἐστι τἀληθῆ λέγειν.
Αἱ δεύτεραί πως φροντίδες σοφώτεραι.

5. Die prädicative Stellung des Artikels.

1) Wenn einem mit dem Artikel verbundenen Subst. §8
ein auf dasselbe bezügliches Adjectiv ohne Artikel vorangeht oder
nachfolgt (**Prädicative Stellung**), so hat dieses nicht attributive,
sondern präbicative Bedeutung, d. h. es bestimmt nicht den Sub=
stantivbegriff näher, sondern sagt von demselben etwas aus:
> Τὸ σῶμα θνητὸν ἅπαντες ἔχομεν der Leib, den wir haben,
> ist sterblich, oder: wir haben alle einen sterblichen Leib. — —
> Βέβαιον ἕξεις τὸν βίον δίκαιος ὤν.

2) Insbesondere haben im Sinn deutscher Adverbia oder adver=
bialer Ausdrücke folgende Adjectiva die präbicative Stellung:
a) die Raumbestimmungen μέσος, ἄκρος, ἔσχατος §9
medius, summus, extremus:
> Διὰ μέσης τῆς πόλεως mitten durch die Stadt, ἐν ἄκρῳ τῷ
> δένδρῳ ganz oben auf dem Baum, ἐν ἐσχάτῃ τῇ νήσῳ am
> Ende der Insel,
dagegen heißt z. B. ἡ μέση πόλις die in der Mitte liegende
Stadt (attributiv).

b) die Ordnungsbestimmungen πρῶτος, πρότερος, ὕστερος,
ὕστατος, τελευταῖος zuerst u. s. w.

c) Zeitbestimmungen:
> Σκοταῖοι (in der Dunkelheit) προσῇσαν οἱ στρατιῶται. —
> Ἑκταῖοι (am sechsten Tag) ἀφίκοντο οἱ στρατιῶται εἰς Χρυσόπολιν.

d) die Adj., welche viel und wenig bedeuten (πολύς, ἄφθονος, ὀλίγος):
> Πολλὰ ἔχειν τὰ ἐπιτήδεια (in Fülle), ὀλίγην ἔχειν τὴν ἵπ-
> πον (in geringer Anzahl).

e) die Adj., welche gern und ungern bedeuten:
> ἑκών (ἑκούσιος), ἄσμενος aus freien Stücken, gern, und ἄκων
> wider Willen, ungern.

f) μόνος:
> μόνος ὁ παῖς nur der Sohn, ὁ μόνος παῖς der einzige Sohn.

6. Der Artikel bei Pronominibus und Pronominalibus.

Der Artikel steht: §10

a) zur Einführung einer Apposition nach dem Pron. personale,
z. B. ἐγὼ ὁ τλήμων, ἡμεῖς οἱ Ἕλληνες.
Anm. Bisweilen steht nur die Apposition mit dem Artikel, und das
Personalpronomen ist hinzuzudenken: ἀπελθόντες ἤδη αἱρεῖσθε οἱ δεόμενοι
ἄρχοντες (οἱ δεόμενοι = ὑμεῖς οἱ δεόμενοι).

b) in präbicativer Stellung: §11
1) bei αὐτός, wenn es selbst bedeutet:
> αὐτὸς ὁ βασιλεύς der König selbst, in eigner Person (auch
> allein oder von selbst, sua sponte),
> dagegen ὁ αὐτὸς βασιλεύς idem rex, auch als Prädicat (gegen § 7),
2) bei ὅδε, οὗτος und ἐκεῖνος (Fr. § 43, Anm. 2):
> αὕτη ἡ πόλις oder ἡ πόλις αὕτη, ἐκείνη ἡ πόλις oder ἡ. π. ἐ.

1*

3) bei ἄμφω (stets mit dem Dual), ἀμφότεροι, ἑκάτερος: ἀμφοῖν τοῖν ποδοῖν (τ. π. ἀ.), ἀμφότερα τὰ στρατόπεδα, ἑκάτερον τὸ κέρας.

Anm. 1. Bei ἕκαστος fehlt der Artikel meist, s. Anm. 2.

4) bei πᾶς (ἅπας) und ὅλος ganz, wenn das Subst. auch ohne diese Wörter den Artikel haben würde: πᾶσα (ὅλη) ἡ πόλις oder ἡ πόλις πᾶσα (ὅλη) die ganze Stadt, πᾶσαν ὑμῖν τὴν ἀλήθειαν ἐρῶ (die ganze Wahrheit), dagegen ὅλας πόλεις ganze Städte, παντὶ σθένει mit ganzer (aller) Kraft. Bei dem Plural πάντες alle kann der Artikel stehen und fehlen.

Anm. 2. Der Artikel fehlt bei πᾶς auch dann, wenn es bedeutet:
1) jeder, z. B. πᾶσα πόλις = ἑκάστη πόλις jede Stadt.
     Δρυὸς πεσούσης πᾶς ἀνὴρ ξυλεύεται.
2) völlig, lauter:
πᾶς χρυσός lauter Gold, ἐν πάσῃ ἀνομίᾳ ζῆν in völliger Ungesetz= lichkeit leben.

Anm. 3. In attributiver Stellung bedeuten πᾶς und ὅλος gesammt:
ὁ πᾶς ἀριθμός die Gesammtsumme, τὸ ὅλον στράτευμα das gesammte Heer.
So auch bei Zahlangaben οἱ πάντες im Ganzen:
Ἑκατὸν ὁπλῖται ἀπώλοντο οἱ πάντες. — Ἔμενον τριάκοντα τὰς πάσας ἡμέρας.

§ 12   c) in attributiver Stellung:
1) bei dem Pron. poss. (f. § 14, b),
2) bei τοιοῦτος (τοιόσδε), τοσοῦτος (τοσός δε), τηλι- κοῦτος (τηλικόσδε), welche wie Adjectiva behandelt werden (f. §§ 6 u. 8),
3) bei ἕτερος (alter), wenn es auf bestimmte Individuen hin= weist, und bei ἄλλος, wenn es reliquus bedeutet:
ὁ ἕτερος στρατηγός alter dux, ἡ ἄλλη Ἑλλάς reliqua Graecia.

7. Der Artikel bei Cardinalzahlen.

§ 13   Der Artikel steht bei Cardinalzahlen:

1) wenn sie einen Teil eines vorher genannten Ganzen darstellen: Ἐναυμάχησαν ἑβδομήκοντα ναυσίν, ὧν ἦσαν αἱ εἴκοσι στρατιώ- τιδες.

2) bei ungefähren Zahlangaben: Λέγονται Πέρσαι ἀμφὶ τὰς δώδεκα μυριάδας εἶναι.

II. Von den Pronominibus.

1. Pronomen possessivum.

§ 14   Ausdrücklich bezeichnet wird das Possessivverhältnis,
a) ohne Betonung und nicht reflexiv durch den Genitiv der Pron. personalia:

μου [nicht ἐμοῦ]   σου (encl.)   αὐτοῦ u. f. w.} in präbicativer
ἡμῶν   ὑμῶν   αὐτῶν u. f. w.} Stellung.

Ὁ φίλος μου und im Zusammenhang der Rede μου ὁ φίλος.

b) mit Betonung
1) nicht reflexiv

durch d. Pron. possess., in der 3. P. durch ἐκείνου u. ſ. w.:

ἐμός σός ἐκείνου u. ſ. w.
ἡμέτερος ὑμέτερος ἐκείνων [nicht σφέτερος]

2) reflexiv
α) durch das Pron. possess.:

(ἐμός) (σός) [nicht ἐκείνου]
ἡμέτερος ὑμέτερος (σφέτερος)

β) durch den Genitiv des Pron. reflex.:
ἐμαυτοῦ u. ſ. w. σεαυτοῦ u. ſ. w. ἑαυτοῦ u. ſ. w.
(ἡμῶν αὐτῶν) (ὑμῶν αὐτῶν) ἑαυτῶν
ἡμέτερος αὐτῶν ὑμέτερος αὐτῶν (σφέτερος αὐτῶν)

Ὁ ἐμὸς φίλος, ὁ ἐκείνου φίλος — τὸν ἐμαυτοῦ φίλον, τὸν ἑαυτῶν φίλον.

Ἐμὸς φίλος und φίλος μου heißt ein Freund von mir:
Κρίτων οὑτοσὶ ἐμὸς ἡλικιώτης καὶ δημότης.
Auch bei dem Prädicat fällt der Artifel weg (ſ. § 7):
Χαιρεφῶν ἐμὸς ἑταῖρος ἦν.
Anm. Genügt es, das Possessivverhältnis nur anzudeuten, so wird
der (individuelle) Artikel gesetzt: Οἱ γονεῖς στέργουσι τὰ τέκνα (ihre
Kinder). Bei dem Prädicat fällt jedoch dieser Artifel weg (§ 7): Μηδένα
ἡγοῦ φίλον (für deinen Freund).

2. Pronomen reflexivum.

1) Die Reflexivpronomina der 1. und 2. P. ἐμαυτοῦ, σεαυ- §15
τοῦ u. ſ. w. werden direct reflexiv d. h. in Beziehung auf das
Subject desselben Satzes gebraucht, z. B. γνῶθι σαυτόν.
Anm. Δοκῶ μοι mihi videor findet sich häufiger als δοκῶ ἐμαυτῷ.
2) Das Reflexivpronomen der 3. P. ἑαυτοῦ u. ſ. w. steht: §16
a) direct reflexiv in Beziehung auf das Subject desselben Satzes,
b) indirect reflexiv in Beziehung auf das Subject des regieren=
den Satzes in ideell abhängigen Sätzen.
Anm. 1. Statt des indirect reflexiven Pronomens der 3. P. können
eintreten
a) die Formen (οὗ) οἷ, (ἕ) und σφεῖς, σφῶν, σφίσι, σφᾶς;
Λέγεται Ἀπόλλων ἐκδεῖραι Μαρσύαν ἐρίζοντα οἷ περὶ σοφίας. —
Οἱ Ἕλληνες ἐδόκουν ἀτάκτοις σφίσιν ἐπιπεσεῖσθαι βασιλέα.
b) die casus obliqui von αὐτός:
Ἔλεγον ὅτι μεταμέλοι αὐτοῖς (daß sie, nämlich οἱ λέγοντες, bereuten).
Anm. 2. Das reflexive Verhältnis wird hervorgehoben durch Hinzu=
fügung des Subjectes αὐτός:
αὐτὸς ἐμαυτὸν (σεαυτὸν) βλάπτω (βλάπτεις).

3. Pronomen relativum.

1) Die Pron. relativa sind ὅς, ὅσπερ und ὅστις (ſ. Fr. § 45). §17
Ὅστις muß stehen nach Sätzen, die negirt oder negativen In=
haltes sind, wie οὐδείς ἐστιν ὅστις u. ſ. w. und τίς ἐστιν ὅστις —;

§ 18 2) Das Pron. relativum richtet sich im Genus und Numerus nach dem Beziehungswort im Hauptsatz, im Casus nach der Stellung, die es im Nebensatz als Subject oder Object einnimmt. Wenn es aber danach eigentlich im Accusativ stehen müßte, das Beziehungswort aber im Genitiv oder im Dativ steht, so kann es sich auch im Casus nach dem Beziehungswort richten. Diese Attraction oder Assimilation des Relativums pflegt dann einzutreten, wenn der Relativsatz eine notwendige nähere Bestimmung des Beziehungswortes enthält und darum mit dem Hauptsatz enger zusammenhängt:

Κῦρος ἀπέπεμπε τοῖς γιγνομένους δασμοὺς βασιλεῖ ἐκ τῶν πόλεων, ὧν ὁ Τισσαφέρνης ἐτύγχανεν ἔχων.

Dabei wird das Demonstrativum, wenn es ohne Substantiv stehen würde, weggelassen:

Τοῦτον τὸν οἶνον πῖνε σὺν οἷς μάλιστα φιλεῖς. — Κλέαρχος ὠφελεῖν ἐβούλετο Κῦρον ἀνϑ' ὧν εὖ ἔπαϑεν ὑπ' ἐκείνου.

Ist das Beziehungswort ein Substantiv, so wird es gern mit Weglassung des Artikels an das Ende des Relativsatzes versetzt, z. B. ὧν ἔχομεν φίλων.

Anm. Wenn in einem Relativsatz, in welchem οἷος Prädicatsnomen sein würde, die Copula ausgelassen wird, so richtet sich außer οἷος auch das Subject des Relativsatzes nach dem Casus des Beziehungswortes, z. B. steht statt ἀνδρὶ οἷος σὺ εἶ kurz οἵῳ σοι ἀνδρί und so οἵους ὑμᾶς ἄνδρας u. s. w.

§ 19 3) Zuweilen richtet sich umgekehrt das Beziehungswort nach dem Casus des Relativs (Attractio inversa):

Ἔλεγον, ὅτι Λακεδαιμόνιοι πάντων ὧν δέονται πεπραγότες εἶεν παρὰ βασιλέως.

Anm. Statt οὐδείς ἐστιν ὅστις (ὅτου, ὅτῳ u. s. w.) οὔ sagte man mit Weglassung der Copula und attractio inversa οὐδεὶς ὅστις οὔ, οὐδενὸς ὅτου οὔ, οὐδενὶ ὅτῳ οὔ u. s. w.; ebenso ϑαυμαστὰ ὅσα χρήματα ἔλαβε und ὑπερφυῶς ὡς.

III. Subject und Prädicat.

§ 20 1) Der Numerus des Prädicates richtet sich nach dem Numerus des Subjectes. Ist aber das Subject ein Neutrum Pluralis, so steht das Prädicatsadjectivum im Plural, das Verbum finitum aber im Singular:

Τὰ τέλη τῶν Λακεδαιμονίων ὑπέσχετο ἐς τὴν Ἀττικὴν ἐσβαλεῖν. — Τὰ δίκαια καλά ἐστιν.
Τὰ μεγάλα δῶρα τῆς τύχης ἔχει φόβον.
Ἐκ τῶν πόνων τοι τἀγαϑ' αὔξεται βροτοῖς.

§ 21 2) Das Prädicatsadjectiv richtet sich nach dem Subject im Genus, Numerus und Casus. Ist aber das Subject ein Gattungsbegriff generis masculini oder feminini, so steht das Prädicatsadjectiv häufig im Neutrum Singularis:

Ἄπιστον ἡ ϑάλαττα (etwas Unzuverlässiges).
Οὐκ ἀγαϑὸν πολυκοιρανίη· εἷς κοίρανος ἔστω. Ho.

IV. Vom Gebrauch der Casus.

A. Vom Accusativ.

Der Accusativ dient zur näheren Bestimmung und Ergän=
zung des Prädicates, und zwar:

1. als Casus des **äußern Objectes** bei transitiven und §22
transitiv gebrauchten intransitiven Verben, um das außen stehende Object
zu bezeichnen, welches von der Handlung unmittelbar betroffen wird.
Merke folgende Verba, die als Transitiva mit dem Acc. des äußern
Objectes verbunden werden:

a) ὀνινάναι, ὠφελεῖν   nützen, unterstützen
   θεραπεύειν   dienen, pflegen
   κολακεύειν   schmeicheln
   προσκυνεῖν   fußfällig verehren
   βλάπτειν   schaden
   ἀδικεῖν   Unrecht tun
   τιμωρεῖσθαι   sich rächen an

und die Phrasen und Composita:

εὖ (καλῶς) ποιεῖν, εὐεργετεῖν — κακῶς ποιεῖν, κακουργεῖν
εὖ (καλῶς) λέγειν, εὐλογεῖν — κακῶς λέγειν, κατηγορεῖν
Μέμνησο πλουτῶν τοὺς πένητας ὠφελεῖν.
Βλάπτει τὸν ἄνδρα θυμὸς εἰς ὀργὴν πεσών.
Ἐν τοῖς κακοῖσι τοὺς φίλους εὐεργέτει.

Anm. 1. Auch ὑβρίζειν wird bisweilen mit dem Acc., gewöhnlich
aber mit εἰς, ἀσεβεῖν und παρανομεῖν mit εἰς und περί c. acc.
construirt.

Anm. 2. Als Passiva zu εὖ u. s. w. ποιεῖν und λέγειν dienen εὖ
u. s. w. πάσχειν und ἀκούειν, s. § 70.

b) διώκειν, θηρᾶν   nachsetzen, nachjagen
   μιμεῖσθαι, ζηλοῦν   nachahmen, nacheifern
   Ἀρχὴν [δὲ] θηρᾶν οὐ πρέπει τἀμήχανα.
   Ζήλου τὸν ἐσθλὸν ἄνδρα καὶ τὸν σώφρονα.

c) Verba, die eine **Gemütsstimmung** oder eine **Aeußerung**
derselben oder eine daraus entspringende **Handlungsweise**
bezeichnen:

1) ἀλγεῖν   Schmerz empfinden über
                      und
   κλάειν, δακρύειν   weinen über
   οἰμώζειν, θρηνεῖν   wehklagen über
   πενθεῖν   trauern um
2) αἰδεῖσθαι, αἰσχύνεσθαι   sich scheuen, schämen vor
   ἐκ —, καταπλήττεσθαι   sich entsetzen vor
   φοβεῖσθαι, δεδιέναι   sich fürchten vor
                      und
   φυλάττεσθαι, εὐλαβεῖσθαι sich hüten vor
   φεύγειν   sich zu entziehen suchen
   ἀποφεύγειν   entkommen
   ἀποδιδράσκειν   entlaufen
   Μᾶθε πολὺ μᾶλλον σαυτὸν αἰσχύνεσθαι ἢ τοὺς ἄλλους.
   Φεῦγ᾽ ἡδονὴν φέρουσαν ὕστερον βλάβην.

ϑαρρεῖν	sich nicht fürchten vor
und	
ὑφίστασϑαι	Stand halten
ἀμύνεσϑαι	sich vertheidigen gegen.

Anm. 3. Auch die eigentlich objectslosen Verba σπεύδειν, ἐπείγεσϑαι eilen und σιγᾶν, σιωπᾶν schweigen werden in der Bedeutung beeilen und verschweigen mit dem Accusativ verbunden.

Anm. 4. Μένειν τινά jemandem Stand halten ist mehr dichterisch; in Prosa ist μένειν τινά gleich περιμένειν τινά jemanden erwarten, τὶ etwas erwarten.

Anm. 5. Θαρρεῖν τινι heißt auf jemand vertrauen.

d)
λανϑάνειν	verborgen sein
φϑάνειν	zuvorkommen
ἐπιλείπειν	ausgehn, deficere

    Οὐδεὶς ποιῶν πονηρὰ λανϑάνει ϑεόν.
    Μή σ᾽ ἐπιλίπῃ τι τῶν ἀναγκαίων σκόπει.

e) ὀμνύναι ϑεούς und ἐπιορκεῖν ϑεούς bei den Göttern schwören und die Götter durch Meineid verletzen.

Anm. 6. Wie ὀμνύναι werden die Partikeln νή und μά mit dem Acc. verbunden: νὴ Δία beim Zeus, οὐ μὰ Δία nein beim Zeus, ναὶ μὰ Δία wahrhaftig beim Zeus.

§ 23   2. Der Accusativ des äußern Objects wird mit einem Prädicatsaccusativ verbunden bei folgenden Verben:

1) machen zu etwas ποιεῖν:
    Κύριόν τινα τοῦ ἀγῶνος, τοὺς Μήδους ἀσϑενεῖς, ἐκ πενήτων πλουσίους,

und ποιεῖσϑαι (für) sich machen oder nehmen:
    φίλον τινά, πολίτην, ἡγεμόνα (§ 66 a)

καϑιστάναι, z. B. ψευδῆ ἑαυτόν, φανερόν τι, ἐλεύϑερόν τινα, ἀποδεικνύναι und ἀποφαίνειν jemanden in einer Eigenschaft erscheinen lassen, einen Beamten ernennen, z. B. τινὶ στρατηγόν,

αἱρεῖσϑαι, χειροτονεῖν erwählen, z. B. ἄρχοντα,

2) nennen ὀνομάζειν, καλεῖν,

3) halten für νομίζειν, ἡγεῖσϑαι.

Bei der Umwandlung in die passive Construction wird der Acc. des äußern Objects zum Subjectsnominativ, der Prädicatsaccusativ zum Prädicatsnominativ:
    πλούσιος ἐγένετο (Pass. zu ποιεῖν s. § 70), στρατηγὸς ἀπεδείχϑη, ᾑρέϑη (s. § 69), ἐχειροτονήϑη.

Anm. Bei τίϑεσϑαί τινι ὄνομα steht der Name wie bei ὀνομάζειν im Accusativ, z. B. ταύτῃ τῇ ξυνουσίᾳ ἔϑεντο πόλιν ὄνομα, bei ὄνομά μοί ἐστι und ὄνομα (ἐπωνυμίαν) ἔχω wie bei ὀνομάζομαι im Nominativ.

§ 24   3. Ein doppelter Accusativ des äußern Objectes der **Person** und der **Sache** findet sich bei folgenden Verben:

a) ἐρωτᾶν — ἐρέσϑαι (auch τινὶ περί τινος) fragen
    αἰτεῖν, αἰτεῖσϑαι (auch τὶ παρά τινος) bitten, fordern
    πράττειν, — ισϑαι (auch εἰςπρ —) eintreiben

διδάσκειν   lehren
ἀνα —, ὑπομιμνήσκειν (auch τινά τινος) erinnern
κρύπτειν, ἀποκρύπτεσθαι   verhehlen, ver=
                            heimlichen.

Anm. Wie διδάσκειν wird auch παιδεύειν mit dem doppelten Acc. verbunden, doch häufiger mit τινά τινι und τινά ἔν τινι. Διδάσκειν τινὰ ἱππέα heißt jemanden zum Reiter ausbilden.

b) ἐνδύειν, ἀμφιεννίναι — ἐκδύειν an= und ausziehen
ἀφαιρεῖσθαι (auch τινός τι)   wegnehmen
ἀποστερεῖν (auch τινά τινος)   berauben.

Bei der Verwandlung in die passive Construction wird der Acc. der Person Subjectsnominativ, der Acc. der Sache bleibt unverändert:

μουσικὴν διδαχθείς. — ἠμφίεσμαι χιτῶνα. — ἐνεδύθην ἱμά-
τιον. — ὑπὸ βασιλέως πεπραγμένος τοὺς φόρους.

4. Der Accusativ dient ferner zur näheren Bestimmung eines § 25 transitiven oder intransitiven Verbums als **Accusativ des innern Objectes** oder des **Inhaltes**.

In diesem Accusativ können stehen

a) dem Verbum stammverwandte (figura etymologica) oder doch sinnverwandte Verbalsubstantiva, und zwar:

1) mit einem Attribut (acc. attributivus):
μέγαν κίνδυνον κινδυνεύειν sich einer großen Gefahr unterziehen, Ταντάλου φόβον φοβεῖσθαι sich wie Tantalos fürchten, μακρὸν ὕπνον καθεύδειν lange schlafen, αἰσχίστην δουλείαν δουλεύειν turpissimam servitutem servire.
Ζήσεις βίον κράτιστον, ἂν θυμοῦ κρατῇς.

2) ohne ein Attribut in prägnantem Sinn:
φυλακὴν φυλάττειν einen militärischen Wachtposten versehen, χοὰς χεῖσθαι ein Todtenopfer bringen.

b) andere Wörter, die zu dem Verbalsubstantiv, wenn es gesetzt wäre, in einem attributiven Verhältniß stehen würden, und zwar:

1) andere Substantiva:
τὰ εὐαγγέλια θύειν das bei einer frohen Botschaft herkömmliche Opfer darbringen, σωτήρια θύειν Rettungsopfer darbringen, μάχην oder γνώμην νικᾶν einen Sieg in der Schlacht oder einen Meinungs-sieg davontragen (kurz: in der Schlacht siegen, einen Antrag durch-bringen), Ὀλύμπια oder στάδιον νικᾶν einen olympischen Sieg oder einen Sieg im Wettlauf erringen.

2) Neutra von Adjectiven:
ἡδὺ γελᾶν = ἡδὺν γέλωτα γελᾶν herzlich lachen, ὑψηλὰ ἄλλεσθαι hohe Sprünge machen, hoch springen, μέγα κράζειν ein großes Geschrei erheben, laut schreien.

Anm. 1. Hierher gehört der adverbiale Gebrauch des Neutrums des Comparativs und Superlativs, s. Fr. § 41.

3) Neutra von Pronominibus und Pronominalibus:
τί σοι χρῶμαι; welchen Gebrauch soll ich von dir machen? wozu soll ich dich gebrauchen? was soll ich mit dir anfangen? οὐδέν σοι χρω-

μαι (keinen Gebrauch — zu nichts — nichts), πάντα νικᾶν einen vollſtändigen Sieg davon tragen.

Anm. 2. Ein Acc. des Inhaltes findet ſich auch als nähere Beſtim= mung von Adjectiven:

σοφὸς τὴν τοιαύτην σοφίαν, ἄδικος πᾶσαν ἀδικίαν.

§ 26   5. Der Accuſativ des innern Objectes ſteht mit einem Accuſativ des äußern Objectes verbunden:

Μέλητός με ἐγράψατο τὴν γραφὴν ταύτην. — Οὐκ ἐμὲ μείζω βλάψετε ἢ ὑμᾶς αὐτούς. — Τοῦτο οὐκ ἠνάγκασέ με dieſen Zwang legte er mir nicht auf, dazu zwang er mich nicht, τὴν τῶν παίδων παιδείαν παιδεύειν τινά, καλλίστην νίκην νικᾶν τινα, νικᾶν μάχην τινά.

So ſtehen ſtatt der Adverbia εὖ (καλῶς) und κακῶς bei ποιεῖν und λέγειν (ſ. § 22 a) mit dem Acc. des äußern Objectes verbunden die Adjectiva ἀγαθός und κακός im Acc. des Inhaltes, und zwar:

a) im Neutrum Singularis mit τί: ἀγαθόν (κακόν) τι ποιεῖν (λέγειν) τινα.

b) im Neutrum Pluralis: ἀγαθά (κακά) ποιεῖν (λέγειν) τινα, im Superlativ μέγιστα ἀγαθά (κακά).

Bei der Verwandlung der activen in die paſſive Conſtruction bleibt das innere Object unverändert im Acc., das äußere wird Subject:

Τοῦτο οὐκ ἠναγκάσθην ὑπ᾽ αὐτοῦ. Ἀγαθὰ ὑπ᾽ αὐτοῦ ἔπαθον (ſ. § 22, Anm. 2).

§ 27   6. Der Accuſativ dient ferner zur näheren Beſtimmung von intranſitiven Verben und Adjectiven als **Accuſativ der Be= ziehung** (ſog. acc. graecus). In dieſem Accuſativ ſtehen:

a) der concrete Teil, von dem eine auf ein Ganzes bezogene Ausſage gilt:

κάμνειν τοὺς ὀφθαλμούς, ἀλγεῖν τὸν πόδα, ὑγιαίνειν τὸν νοῦν, διεφθαρμένος τὴν ψυχήν, χωλὸς τὼ πόδε. Βέλτιόν ἐστι σῶμά γ᾽ ἢ ψυχὴν νοσεῖν.

b) Qualitäten, und zwar:

1) allgemeine wie Abkunft, Charakter, Geſtalt, räum= liche Dimenſionen, Zahl und Name (ſ. § 5 b, 2):

ἀνὴρ Λυδὸς τὸ γένος, χρηστὸς τὸ ἦθος, καλὴ τὸ εἶδος, ποταμὸς τὸ εὖρος τεττάρων πλέθρων, πλεθριαῖος, τηλικοῦτος τὸ μέγεθος, τοσοῦτοι τὸ πλῆθος, πόλις ὄνομα (τοὔνομα) Καιναί.

2) beſondere wie Tugend, Schönheit:

θαυμάσιος τὸ κάλλος admirabili pulchritudine.

c) Gebiete, auf welchen ſich eine Eigenſchaft erweiſt und im Hin= blick auf welche ſie behauptet wird, wo auch εἰς und πρός c. acc. ſtehen können:

δεινὸς τὴν τέχνην, ἀγαθὸς τὰ πολεμικά.

§ 28   7. Der Acc. ſteht weiter als **Accuſativ der Ausdehnung** in Raum und Zeit:

a) πολὺ χωρίον διώκειν τινά — ἡ πόλις ἀπέχει τριάκοντα στάδια.

b) τὴν ἡμέραν. τὴν νύκτα ben Tag, bie Racht über, χρόνον τινά eine Zeit lang, τριάκοντα ἔτη γεγονώς triginta annos natus.

Anm. In Verbindung mit einer Ordinalzahl stehen die Accusative ἔτος, ἡμέραν, μῆνα, häufig mit dem Zusatz von οὗτος, im Sinn des beutichen **vor** ober **seit** mit einer um eins kleineren Cardinalzahl:
θυγάτηρ ἐνάτην ἡμέραν γεγαμημένη (seit acht Tagen), στρατηγεῖ τρίτον ἔτος τουτί (seit zwei Jahren).

8. Sehr ausgedehnt ist ber Gebrauch des **adverbialen Accu-** § 29
sativs. Er steht besonders:

a) um ben **Umfang** zu bezeichnen, in welchem eine Aussage gelten soll (vgl. § 27):
τὶ einigermaßen, οὐδέν in keiner Weise, keineswegs, nicht im Geringsten, ἀρχήν (τὴν ἀρχήν) οὐ ober μή von vorneherein (burchaus) nicht, τἆλλα im Übrigen, sonst, τὰ πολλά meistenteils, τὰ πάντα in allen Stücken, völlig.
Οὐκ ἔστιν ὅστις πάντ' ἀνὴρ εὐδαιμονεῖ.

b) zur Angabe adverbialer Bestimmungen:
1) des **Grundes:**
τί; warum? ταὐτὸν τοῦτο aus eben diesem Grund.
2) ber **Art und Weise:**
τρόπον τινά quodammodo, τίνα τρόπον; quo modo? πάντα τρόπον quoquo modo (auch παντὶ τρόπῳ), οὐκ οἶδ' ὅντινα τρόπον nescio quo pacto, τρόπον τινός more ober modo alicuius, τὴν ταχίστην (sc. ὁδόν) auf bem schnellsten Weg.
3) ber **Zeit:**
τὸ νῦν, τὸ πάλαι, τὸ πρίν, τὸ μετὰ ταῦτα nachher, τὸ ἀπὸ τοῦδε seitbem.
4) ber **Stelle,** bie eine Handlung in einer **Reihe** gleicher Handlungen einnimmt:
τὸ πρῶτον bas erste Mal, τὸ δεύτερον, τὸ τελευταῖον.

c) Einzeln merke noch:
τοὐναντίον im Gegenteil, τὸ λοιπόν hinfort, τὸ πρῶτον anfangs, τέλος zuletzt, schließlich, πρόφασιν vergeblich, προῖκα und δωρεάν umsonst.

9. Die **Richtung wohin** bezeichnet ber Acc. allein nur bei § 30 Dichtern; in ber Prosa müssen Präpositionen hinzutreten, und zwar auch bei Städtenamen: εἰς Ἀθήνας Athenas.

B. Vom Genitiv.

Der Genitiv bient in seiner eigentlichen Bebeutung zur näheren Bestimmung von **Substantiven** und von **Adjectiven** und **Adverbien,** wird aber auch mit **Verben** verbunden.

I. Der **Genitiv bei Substantiven** bezeichnet im Allgemeinen § 31 bie Zusammengehörigkeit bes Substantivs und bes von ihm abhängigen Genitivs, insbesondere den **Besitzer** (als Gen. bes **Eigentums** und ber **Eigentümlichkeit),** bas **geteilte Ganze** (gen. partitivus), den **Stoff** und den **Inhalt,** bie **Beschaffenheit** (gen. qualitatis), den **Wert,** bei Verbalsubstantiven das **Subject** ober bas **Object** ber Handlung.

Ueber den gen. qualitatis und den gen. partitivus ist zu merken:

1) Der gen. qualitatis steht nur in Verbindung mit eigent=
lichen und uneigentlichen Zahlwörtern, z. B. τριῶν ἡμερῶν ὁδίς.
Sonst wird der lat. gen. (abl.) qual. durch Wendungen mit dem Acc.
der Beziehung ersetzt, s. § 27.

2) Der gen. partitivus steht bei Substantiven und substanti=
visch gebrauchten Adjectiven und Pronominibus, wo nur irgend ein Gegen=
satz eines Ganzen zu seinen Teilen gedacht werden kann, also auch nicht
nur bei Adjectiven, die an sich den Begriff einer Zahl oder der Ein=
teilung enthalten, wie πολλοί, οἱ πολλοί (die Mehrzahl), οἱ πλεῖστοι
(die meisten), ὀλίγοι, οὐδείς, οἱ μέν — οἱ δέ, οἱ ἄλλοι, sondern auch
bei andern Adjectiven, z. B. οἱ χρηστοὶ τῶν ἀνθρώπων (aber nicht οἱ
θνητοὶ τῶν ἀνθρώπων). Die Stellung des gen. partitivus
ist stets die prädicative, s. § 6, Anm. 2.

Anm. 1. Dient ein Adjectiv ohne μέρος zur Bezeichnung eines Teils,
so richtet es sich im Genus und Numerus häufig nach dem hinzugefügten
gen. partitivus:

ὁ ἥμισυς τοῦ χρόνου, ἡ πολλὴ (πλείστη) τῆς Ἑλλάδος, ὁ πλείων
τοῦ στρατοῦ, ἡ ἀρίστη τῆς γῆς, αἱ ἡμίσεις τῶν νεῶν, οἱ ἡμίσεις
τῶν ἱππέων.

Anm. 2. Das Land, welchem ein Ort angehört, wird demselben im
gen. partitivus hinzugefügt:

ἐξ Ἐφέσου τῆς Ἰωνίας (in Jonien), τῆς Ἀττικῆς εἰς Οἰνόην.

Anm. 3. Die Pronomina τοῦτο und τοσοῦτον verbinden sich mit
dem Gen. eines Substantivs zu adverbialer Bezeichnung eines Grades:

εἰς τοῦτο (τοσοῦτον) μανίας ἦλθε eo furoris progressus est,
s. § 35 b.

Anm. 4. Die Neutra τί, τὶ, οὐδέν (μηδέν) nehmen das Neu=
trum eines Adjectivs im gleichen Casus, nicht im Gen. zu sich, z. B. καλόν
τι, οὐδὲν νεώτερον, nicht καλοῦ τι, οὐδὲν νεωτέρου.

§ 32   Mit Ausnahme des gen. subj. und obj. können alle einen Sub=
stantivbegriff näher bestimmende Genitive mit der Copula (εἶναι) oder
ähnlichen Verben verbunden, die Stelle eines Prädicates vertreten;
so insbesondere:

1) der gen. materiae:
ἡ στήλη λίθου ἐστίν (auch ἐκ λίθου).

2) der gen. partitivus in Verbindung mit εἶναι (gehören
zu), νομίζεσθαι, καλεῖσθαι, λέγεσθαι (gezählt werden zu):
Σόλων τῶν ἑπτὰ σοφῶν ἐκλήθη.
und activisch τιθέναι c. gen. rechnen zu.

II. Der Genitiv bei Adjectiven und Adverbien.

§ 33   1. Der Gen. tritt zu Adjectiven und den entsprechenden Ad=
verbien hinzu, um ihren Begriff zu ergänzen, namentlich:

a) zu Adjectiven, denen in der Bedeutung Verba entsprechen, welche
den Acc. oder den Gen. regieren, insbesondere:

1) zu den Adjectiven auf ικός, welche die Geschicklichkeit

ober Fertigkeit bedeuten zu tun, was im Verbalstamm
liegt:

πρακτικὸς τῶν δικαίων, ποριστικὸς τῶν ἐπιτηδείων.

2) zu ἔμπειρος peritus, ἐπιστήμων kundig, ἄπειρος imperi-
tus (ἀπείρως ἔχειν τινός), ἐγκρατής, ἀκρατής u. a.,
f. §§ 41, 45, 47 Anm., 48 Anm. 2, 50 Anm. 2.

Ὁ γραμμάτων ἄπειρος οὐ βλέπει βλέπων.

b) zu den Adjectiven, die ein Eigentumsverhältnis bezeichnen:
ἴδιος, οἰκεῖος (proprius), und ἱερός (sacer).

Anm. Auch bei κοινός communis steht der Genitiv, häufiger aber
der Dativ, f. § 54 b.

2. Zu den Adverbien der Art und Weise tritt, nament- § 34
lich wenn sie mit ἔχειν verbunden sind, der Genitiv hinzu, um die
Beziehung derselben auszudrücken:

πῶς ἔχεις τῆς γνώμης; — εὖ (καλῶς) ἔχειν, z. B. βίου, φρενῶν,
φύσεως u. f. w.

3. Die Adverbia des Raumes und der Zeit werden § 35
durch den Genitiv näher bestimmt, und zwar:

a) alle uneigentlichen Präpositionen:
εἴσω, ἔξω, ἐντός, ἐκτός, μεταξύ, ἐγγύς, πλησίον, πόρρω, ἄνω, κάτω,
πρόσθεν, ὄπισθεν, z. B. τῶν τειχῶν.

Ausgenommen sind ἅμα und ὁμοῦ, welche mit dem Dativ verbunden werden, f. § 54 c.

b) andere locale und temporale Adverbia, wenn ihr Bereich an-
gegeben werden soll:
1) ποῦ; ποῖ; πόθεν; ἐνταῦθα, ἐκεῖ, ἐκεῖσε, πανταχοῦ, οὐδαμοῦ, z. B.
τῆς γῆς, ἐνταῦθα τῆς ἡλικίας εἶναι, πόρρω τῆς ἡλικίας ober τῆς
σοφίας ἥκειν ober ἐλαύνειν aetate provehi, in philosophia pro-
ficere, πρόσω τοῦ ποταμοῦ ἰέναι weit in den Fluß hinein gehen.
2) πρῷ τῆς ἡμέρας, ὀψὲ τῆς νυκτός, πότε τοῦ ἔτους; πηνίκ' ἐστὶ
τῆς ἡμέρας; welche Zeit ist es.

4. Bei dem **Comparativ** der Adjectiva und Adverbia steht der § 36
Genitiv häufig statt ἤ mit dem Nom. oder Acc., seltener statt ἤ mit
einem andern Casus (gen. comparationis):

Ἐν ταῖς ἀνάγκαις χρημάτων κρείττων φίλος.

So werden auch die Adjectiva, welche einen Comparativbegriff enthalten, mit dem Genitiv verbunden:

δεύτερος, ὕστερος nachstehend, ἡ προτεραία und ἡ ὑστε-
ραία der Tag vorher, der Tag nachher, z. B. τῆς μάχης, περιτ-
τός hinausgehend über, διπλάσιος u. f. w., πολλαπλάσιος
doppelt u. f. w., vielmal so groß als.

III. Der Genitiv bei Verben dient:

1. in den meisten Fällen zur nähern Bestimmung des
Verbalbegriffs, und zwar:

1) indirect als nähere Bestimmung eines hinzuzudenken- § 37
den Objectes, nämlich:

a) eines äußern Objectes ($μέρος$ Teil) bei:

α) $μετέχειν$ Anteil haben,
$μεταλαμβάνειν$, $μεταλαγχάνειν$ Anteil bekommen,
$μεταδιδόναι$ $τινί$ Anteil gewähren, teilnehmen laffen.

Anm. 1. Auch das intranfitive $κοινωνεῖν$ Teil haben und die unperſönlichen Verba $μέτεστί$ $μοι$ habe Anteil, Anſpruch und $προσήκει$ $μοι$ mir gebührt Anteil werden mit dem Genitiv verbunden.

Anm. 2. $Μέρος$ ſelbſt muß natürlich im Acc. oder im Nom. ſtehen, z. B. $μετέχειν$ $ἴσον$ oder $πλεῖστον$ $μέρος$ (auch $πλεῖστον$ allein) $τῶν$ $κινδύνων$ und $ἐν$ $δημοκρατίᾳ$ $μέτεστι$ $πᾶσι$ $τὸ$ $ἴσον$.
$Οὐ$ $μετέλαβε$ $τὸ$ $πέμπτον$ $μέρος$ $τῶν$ $ψήφων$.

β) $γεύειν$ koſten laſſen, $γεύεσθαι$ koſten,
$ἐσθίειν$ eſſen und $πίνειν$ trinken, wenn der Vorrat ange-
geben werden ſoll, von dem ein Teil gegeſſen oder getrunken
wird; dagegen z. B. $θῆρες$ $κρέα$ $ἐσθίοντες$ allgemein:
fleiſchfreſſende Tiere, $τὸ$ $κώνειον$ $πίνειν$ den Schirlingstrank
trinken.

b) eines innern Objectes (ſ. § 25) bei
$ὄζειν$ riechen, duften nach etwas, z. B. $μύρου$, nämlich
$ὀσμήν$.

§ 38   2) Der Gen. ſteht als Ergänzung eines intranſitiven Verbalbegriffs in Anlehnung an den gen. comparationis (ſ. § 36) bei
Verben mit comparativiſcher Bedeutung:

a) $κρατεῖν$ ($κρείττω$ $εἶναι$), $ἄρχειν$ ($βασιλεύειν$, $τυραννεύειν$, $δυνα-$
$στεύειν$) herrſchen, $ἡγεῖσθαι$ ($στρατηγεῖν$, $ἡγεμονεύειν$) an-
führen.
$Θυμοῦ$ $κρατῆσαι$ $κἀπιθυμίας$ $καλόν$.

Anm. 1. $Κρατεῖν$ $τινα$ heißt wie $νικᾶν$ $τινα$ jemanden be-
ſiegen, $ἡγεῖσθαί$ $τινι$ jemandem vorangehen, den Weg zeigen.

b) $περιγίγνεσθαι$ Herr werden, $περιεῖναι$ überlegen ſein — $προέ-$
$χειν$, $ὑπερέχειν$ überragen, übertreffen — $πλεονεκτεῖν$ im Vorteil ſein.
$λείπεσθαι$, $ἀπολείπεσθαι$ nachſtehen, zurückbleiben hinter — $ἡτ-$
$τᾶσθαι$ ($ἥττω$ $εἶναι$) unterliegen — $μειονεκτεῖν$ ſich ſchlechter ſtehen —
$ὑστερεῖν$ $τινός$ $τινι$ hinter jemand in etwas zurückbleiben, $τῆς$ $μάχης$
nach der Schlacht kommen.

Anm. 2. Wie $προέχειν$ werden auch andere mit $πρό$ zuſammengeſetzte
Verba mit dem Genitiv verbunden, wie $προεστάναι$, $προστατεύειν$
praeesse und die Transitiva $προιστάναι$ an die Spitze ſtellen, $προ-$
$τιμᾶν$, $προκρίνειν$, $προαιρεῖσθαί$ $τί$ $τινος$ vorziehen, z. B. $θάνατον$ $δου-$
$λείας$. — Dagegen wird $ὑπερβάλλειν$ übertreffen mit dem Accuſativ,
$ἐφεστάναι$ vorgeſetzt ſein ($ἐφιστάναι$ vorſetzen) mit dem Dativ
verbunden.

3) Der Genitiv ſteht als directes Object:

§ 39   a) in Anlehnung an die Conſtruction der Präpoſition bei den mit
$κατά$ gebildeten Compoſitis, die eine ungünſtige Meinung
bedeuten oder vorausſetzen laſſen:
$καταφρονεῖν$ $τινος$ verachten, $καταγελᾶν$ $τινος$ verhöhnen.
Über die mit $κατά$ gebildeten Verben des Anklagens und Verurteilens ſ. § 45, Anm. 2.

b) ohne erkennbare Grundbedeutung bei folgenden Verben:

α) στοχάζεσθαι zielen, schießen nach, ἐπιθυμεῖν, ὀρέ- §40
γεσθαι, ἐφίεσθαι, ἐρᾶν begehren
ἐξικνεῖσθαι erreichen, τυγχάνειν treffen und erlangen,
teilhaftig werden
ἀποτυγχάνειν, ἁμαρτάνειν verfehlen, σφάλλεσθαι
u. ψεύδεσθαι, z. B. τῆς ἐλπίδος sich in der Hoffnung
täuschen.

> Μακάριος ὅστις ἔτυχε γενναίου φίλου.

Anm. 1. Wie die Verba des Begehrens wird construirt ἀντιποιεῖ-
σθαί τινί τινος, z. B. τῆς ἀρχῆς jemandem die Herrschaft streitig machen.

Anm. 2. Auch in der Bedeutung lieben (lieb gewinnen) hat ἐρᾶν
(ἐρασθῆναι) den Genitiv bei sich, φιλεῖν dagegen, wie ποθεῖν sich
sehnen nach, den Accusativ.

Anm. 3. Über ἐν —, σὺν —, ἐπὶ — und περιτυγχάνειν c. dat. s. § 52, 2.

β) μνησθῆναι sich erinnern, μεμνῆσθαι eingedenk sein §41
ἐπιλανθάνεσθαι vergessen, und so auch die Adjectiva
μνήμων eingedenk und ἐπιλήσμων vergessend
ἐπιμελεῖσθαι, φροντίζειν sorgen für, ἀμελεῖν, ὀλιγωρεῖν
nicht sorgen für, vernachlässigen:

> Ἄνθρωπος ὢν μέμνησο τῆς κοινῆς τύχης.
> Μαθημάτων φρόντιζε μᾶλλον χρημάτων.

Anm. Auch μέλει μοι es liegt mir am Herzen wird mit dem
Genitiv construirt, ebenso μεταμέλει μοί τινος ich bereue etwas:

> Οὐ τοῦ δοκεῖν μοι, τῆς δ' ἀληθείας μέλει.

γ) ἅπτεσθαι berühren . §42
λαμβάνεσθαι, ἀπο —, ἐπιλαμβάνεσθαι ergreifen, z. B.
τοῦ καιροῦ
ἔχεσθαι sich halten an, ἀντέχεσθαι festhalten an, z. B. τῆς
εἰρήνης
πειρᾶσθαι versuchen, ἄρχειν u. ἄρχεσθαι anfangen.

> Οὗτοι ποθ' ἅψει τῶν ἄκρων ἄνευ πόνου.
> Νόμων ἔχεσθαι πάντα δεῖ τὸν σώφρονα.

Anm. Ἔχεσθαι steht auch in der Bedeutung angrenzen, sich
anschließen mit dem Genitiv, z. B. ἡ ταύτης ἐχομένη χώρα, ἐχό-
μενοι τούτων ὁπλῖται.

δ) bei folgenden Verben einer Wahrnehmung: §43
1) ὀσφραίνεσθαι etwas riechen
2) ἀκούειν hören regiert den Genitiv der Person und
den Accusativ der Sache:

> ἐμοῦ ἀκούσατε πᾶσαν τὴν ἀλήθειαν.

Die Sache steht im Genitiv, wenn ἀκούειν anhören
(ἀκροᾶσθαί τινος) bedeutet.

3) αἰσθάνεσθαι, πυνθάνεσθαι wahrnehmen, erfahren können die Sache sowohl im Genitiv als im
Accusativ zu sich nehmen.

Anm. 1. Ἀκούειν c. gen. der Person heißt nicht bloß jemanden
hören, anhören, sondern auch auf jemand hören, ihm gehorchen=ἐπα-
κούειν mit dem Dativ, s. § 52; ferner über jemand, endlich von jemand

(ab aliquo) etwas hören, in welchem Sinn auch ἐκ, παρά, ἀπό τινος gebraucht wird.

Νέος ὢν ἀκούειν τῶν γεραιτέρων θέλε.

Anm. 2. Πυνθάνεσθαι c. gen. der Person heißt entweder von jemand (ex aliquo) etwas erfahren oder sich bei jemand erkundigen (auch παρά τινος).

4) Der Genitiv steht im Sinne eines **Ablativs** als des Wohercasus

a) als gen. **causae** neben dem Acc. oder Dat. des directen Objectes:

§ 44   α) bei den Verben:

ζηλοῦν, εὐδαιμονίζειν, μακαρίζειν τινά glücklich preisen wegen

θαυμάζειν τινά bewundern wegen

φθονεῖν τινι beneiden um.

Σοφίας φθονῆσαι μᾶλλον ἢ πλούτου καλόν.

Anm. 1. Bei den Verben des Affectes wird der Grund häufig durch ἐπί c. dat. ausgedrückt (s. § 5, Anm. 1); so auch: θαυμάζειν ἐπί τινι.

Anm. 2. Man sagt auch θαυμάζειν τινός an einem bewundern, gewöhnlich mit folgendem ὅτι, εἰ oder ὅπως.

§ 45   β) bei den Verben des **Beschuldigens** und des **gerichtlichen Verfahrens**, welche nicht mit der Präpos. κατά zusammengesetzt sind:

αἰτιᾶσθαί τινα beschuldigen; so auch αἴτιός τινος schuldig,

διώκειν τινά anklagen, z. B. τυραννίδος,

passiv φεύγειν s. § 70,

γράφεσθαι oder γραφὴν γράφεσθαί τινα, z. B. ἀσεβείας eine Klage einreichen gegen,

εἰσάγειν, ὑπάγειν τινά vor Gericht ziehen, z. B. παρανόμων,

αἱρεῖν τινα überführen, passiv ἁλίσκεσθαι, z. B. κλοπῆς,

ἀπολύειν τινά freisprechen von,

τιμωρεῖσθαί τινα sich rächen an, zur Strafe ziehen.

Anm. 1. Der Genitiv θανάτου bezeichnet bei den Verben des Anklagens und Verurteilens die **Strafe**, z. B. ὑπάγειν τινά θανάτου jemanden auf Tod und Leben anklagen, κρίνειν θανάτου ein Todesurteil fällen. Vgl. § 25 b.

Anm. 2. Bei den mit κατά zusammengesetzten Verben des **Anklagens** und **Verurteilens** steht die Person im **Genitiv**, das Vergehen und die Strafe im **Accusativ**: κατηγορεῖν τινός τι jemanden wegen etwas anklagen, καταγιγνώσκειν, καταδικάζειν, καταψηφίζεσθαι, κατακρίνειν τινός θάνατον zum Tod verurteilen. Im Passiv wird der Acc. der Sache Subjectsnominativ: Θάνατος αὐτοῦ κατεγνώσθη. Τὰ κατηγορημένα μου.

b) im Wesentlichen dem **lateinischen Ablativ** entsprechend bei folgenden teils intransitiven teils transitiven Verben, bei letzteren neben einem Accusativ des directen Objectes:

§ 46   α) γίγνεσθαί, εἶναί τινος erzeugt werden von, abstammen von,

§ 47   β) ἀπέχειν, διέχειν entfernt sein von,

διαφέρειν verschieden sein von,

ἀπέχεσθαι sich fern halten, enthalten, φείδεσθαι schonen, z. B. τῶν χρημάτων (sparen), sich enthalten, fernhalten, z. B. τοῦ κινδύνου, τοῦ λέγειν,

εἴκειν, παραχωρεῖν weichen, 3. B. τῆς ἕδρας, τῆς ὁδοῦ,
κωλύειν, εἴργειν, ἀπείργειν, ἀποτρέπειν fernhalten, ab=
halten von
παύειν machen, daß jemand von etwas absteht, 3. B. τινὰ
μάχης kampfunfähig machen, τῆς ἀρχῆς des Amtes entsetzen
παύεσθαι, λήγειν, ἵεσθαι, 3. B. τοῦ πόνου, abstehen,
ablassen von
χωρίζειν, ἀποκρίνειν trennen, absondern
ἀπαλλάττειν, λύειν, ἐλευθεροῦν befreien, erlösen.

Anm. Wie διαφέρειν nehmen den Gen. zu sich die Abjectiva διάφο=
ρος, ἄλλος, ἀλλοῖος, ἀλλότριος, ἕτερος verschieden, ἐναντίος entgegen=
gesetzt, sowie das Abverb διαφερόντως, 3. B. τῶν ἄλλων, wie ἐλευθεροῦν
auch ἐλεύθερος.

γ) δεῖσθαι bedürfen § 48
ἀπορεῖν, σπανίζειν Mangel haben an
εὐπορεῖν Ueberfluß haben an
ἐμπιμπλάναι, πληροῦν füllen, γέμειν voll sein
κενοῦν, ἐρημοῦν leer machen
ἀποστερεῖν berauben (§ 24 b), στέρεσθαι beraubt sein.

Anm. 1. Wie δέομαι ich bedarf wird das unpersönliche δεῖ mit dem
Gen. verbunden: ὀλίγου, πολλοῦ δεῖ es fehlt wenig, viel, δεῖ μοί τινος
habe etwas nötig; mit dem Gen. der Person bedeutet δέομαι meist ich
bitte.

Anm. 2. Auch die Abjectiva der Fülle (ἔμπλεως, πλήρης, μεστός)
und des Mangels (ἔρημος, γυμνός) werden mit dem Genitiv verbunden.

δ) ἀπολαύειν genießen, ὀνίνασθαι Vorteil haben von etwas: § 49
ὄναιο τῆς ἀρετῆς macte esto virtute.

ε) als gen. **pretii**: § 50
1) bei den Verben des Kaufens (ὠνεῖσθαι — πρίασθαι)
und Verkaufens (πωλεῖν, ἀποδίδοσθαι — πιπράσκειν)
und den Verben, die eine zu bezahlende Leistung be=
zeichnen, 3. B. μισθοῦ ἐργάζεσθαι, ἀργυρίου διδάσκειν.
Τῶν πόνων πωλοῦσιν ἡμῖν πάντα τἀγάθ' οἱ θεοί.

Anm. 1. Auch der Gegenstand, für den man Geld gibt oder ver=
langt oder schuldig ist, steht im Genitiv, 3. B. δέκα μνᾶς ὀφείλειν
oder πράττεσθαι συνουσίας.

Anm. 2. Der gen. pretii steht auch bei den Abjectiven ὠνητός
(täuflich) und ἄξιος (wert, würdig), ἀντάξιος (gleich an Wert), ἀνάξιος
(nicht wert, unwürdig).
Ἰητρὸς γὰρ ἀνὴρ πολλῶν ἀντάξιος ἄλλων. Ho.

2) bei ἀξιοῦν für wert halten und bei τιμᾶν (vom
Richter) und τιμᾶσθαι (von den Parteien) das Straf=
maß abschätzen, antragen auf, 3. B. θανάτου τινί, auch
τιμᾶσθαι πολλοῦ hoch schätzen.

Anm. 3. Gewöhnlich heißt hochschätzen περὶ πολλοῦ ποιεῖ=
σθαι (s. § 67), höher schätzen περὶ πλείονος π. u. s. w., Ggt. περὶ
ὀλίγου, περὶ οὐδενός:
Ὀνειδιῶ ὅτι τὰ πλεῖστον ἄξια περὶ ἐλαχίστου ποιεῖται,
τὰ δὲ φαυλότερα περὶ πλείονος.

§ 51   2. Der Genitiv dient endlich zur adverbialen Bestimmung der Zeit (gen. **temporis**):

    α) in der etwas geschieht, bei allgemeinen Zeitangaben, z. B. ἦρος, θέρους, χειμῶνος, νυκτός, ἡμέρας, τοῦ λοιποῦ in der Zukunft — τοῦ ἐνιαυτοῦ quotannis, τῆς ἡμέρας quotidie.

    β) innerhalb deren etwas geschieht oder nicht geschieht:

        Δέκα ἡμερῶν βασιλεὺς οὐ μαχεῖται.

C. Vom Dativ.

I. Der Dativ in seiner eigentlichen Bedeutung bestimmt den Begriff gewisser Verba und gewisser Adjectiva und Adverbia näher und bringt eine Person in eine mehr oder weniger enge Beziehung zu dem Inhalt des Satzes.

1. Der Dativ steht als nähere Bestimmung

§ 52   a) bei allen **Verbalbegriffen**, die auch im **Deutschen** den Dativ verlangen, mit Ausnahme derjenigen Verben, die nach §§ 22 u. 24 den Accusativ regieren.

So werden mit dem Dativ verbunden:

1) gleichen, ähnlich sein ἐοικέναι — gleichmachen ἰσοῦν, ὁμοιοῦν — gleichkommen ἀφομοιοῦσθαι (Med. Pass.) — vergleichen εἰκάζειν.

2) sich nähern πλησιάζειν (auch: Jemandes Schüler, Freund sein) — begegnen ἀπαντᾶν, ἐν-, συν-, ἐπι-, περι — τυγχάνειν (stoßen auf).

3) zürnen ὀργίζεσθαι, χαλεπαίνειν — drohen ἀπειλεῖν — vorwerfen, Vorwürfe machen ἐπιτιμᾶν, ἐγκαλεῖν, μέμφεσθαι τινί τι, λοιδορεῖσθαι (schmähen).

Anm. 1. Μέμφεσθαι tadeln und das Activ λοιδορεῖν schmähen, schelten, regieren den Accusativ:

    Οὐκ ἔστιν ὅστις τὴν τύχην οὐ μέμφεται.

Anm. 2. Auch φθονεῖν mißgünstig sein, beneiden regiert wie invidere den Dativ, s. § 44.

4) folgen ἕπεσθαι, ἀκολουθεῖν [auch μετά τινος] — gehorchen πείθεσθαι, ὑπακούειν (s. § 43 A. 1) — nicht gehorchen ἀπειθεῖν — dienen ὑπηρετεῖν, ὑπουργεῖν — weichen, nachgeben εἴκειν, συγχωρεῖν, ὑποχωρεῖν.

    Μακάριος ὅστις μακαρίοις ὑπηρετεῖ.

5) helfen, beistehen βοηθεῖν, ἐπικουρεῖν, τιμωρεῖν, ἀμύνειν — nützen λυσιτελεῖν, συμφέρειν.

    Ξένοις ἐπαρκῶν τῶν ἴσων τεύξει ποτέ.

Anm. 3. Über ὠφελεῖν und ὀνινάναι c. acc. s. § 22 a.

6) raten, zureden συμβουλεύειν, παραινεῖν — auftragen, befehlen, heißen ἐπι-, προστάττειν, ἐντέλλεσθαι, παραγγέλλειν, παρακελεύεσθαι.

Anm. 4. Πείθειν zu überreden suchen, überreden und κελεύειν befehlen werden mit dem Acc. verbunden.

7) geloben εὔχεσθαι, und so auch εὔχεσθαι τοῖς θεοῖς zu den Göttern beten, um etwas τί.

δ) die unpersönlichen Verba πρέπει, προσήκει es ziemt sich, δεῖ und μέλει μοί τινος (§§ 41 A. 48 A. 1.)

Τὸ μηδὲν ἀδικεῖν πᾶσιν ἀνθρώποις πρέπει.

b) bei gewissen Verben als Dativ der **Gemeinschaft**, wo im § 53 Deutschen meist die Präposition mit steht:

1) μιγνύναι τί τινι etwas mit etwas mischen, συμμιγνύναι zusammentreffen (im freundlichen und feindlichen Sinn),

κοινωνεῖν teilnehmen mit, ἀνακοινοῦν τινί τι jemandem mitteilen (ἀνακοινοῦσθαι mitteilen, um sich Rats zu erholen),

ὁμολογεῖν, συμφωνεῖν übereinstimmen mit,

γαμεῖσθαί τινι sich verheiraten mit (nubere, γαμεῖν τινα in matrimonium ducere).

Anm. 1. Die mit σύν gebildeten Composita werden ohne Wiederholung der Präposition mit dem Dativ verbunden, vgl. συμπράττειν τινί, συναποθνήσκειν τινί.

2) bei folgenden Verben, die eine wechselseitige Tätigkeit zwischen Subj. und Obj. bezeichnen, im freundlichen und feindlichen Sinne:

α) kämpfen, Krieg führen, streiten (mit Waffen oder Worten) mit jemand:

μάχεσθαι, πολεμεῖν, ἀγωνίζεσθαι, ἐρίζειν, ἁμιλλᾶσθαι, ἀμφισβητεῖν, διαφέρεσθαι (dissentire), ferner χεῖρας oder μάχην συνάπτειν τινί, διὰ πολέμου (μάχης) ἰέναι, ὁμόσε oder εἰς χεῖρας ἰέναι (ins Handgemenge kommen).

Θεῷ μάχεσθαι δεινόν ἐστι καὶ τύχῃ.

Anm. 2. Von διαφέρεσθαι ist wohl zu unterscheiden διαφέρειν τινός, s. § 47.

β) sich versöhnen συν-, καταλλάττεσθαι, einen Vertrag schließen σπένδεσθαι, σπονδὰς (συνθήκας) ποιεῖσθαι.

Anm. 3. Συναλλάττειν τινά τινι heißt jemanden mit jemandem aussöhnen.

γ) sich unterreden mit διαλέγεσθαι, in Unterhandlung treten mit εἰς λόγους ἰέναι,

verkehren, umgehen mit ὁμιλεῖν, χρῆσθαι (uti), προσφέρεσθαι (mit einem Adverbium, z. B. καλῶς).

Κακοῖς ὁμιλῶν καὐτὸς ἐκβήσει κακός.

Anm. 4. Bei vielen dieser Verben einer wechselseitigen Tätigkeit findet sich statt des Datives auch πρός c. acc., z. B. πολεμεῖν πρός τινα. Dagegen bedeuten σύν τινι und μετά τινος: in Verbindung, Gesellschaft oder Bundesgenossenschaft mit jemand.

Anm. 5. Merke hier ἱππεὺς αὐτῷ ἵππῳ (seltner αὐτῷ τῷ ἵππῳ) der Reiter mitsammt dem Pferde.

2. Der Dativ dient zur nähern Bestimmung von **Adjectiven** § 54 und **Adverbien**, die der Bedeutung nach den oben genannten Verben nahe stehen:

a) bei den Adj. der Aehnlichkeit und Gleichheit, παραπλήσιος, ὅμοιος, ἴσος, ὁ αὐτός:

Θησεὺς τοῖς αὐτοῖς χρόνοις ἐγένετο Ἡρακλεῖ.

2*

Anm. Auch ἀνόμοιος unähnlich wird mit dem Dativ construirt, dagegen διάφορος diversus mit dem Genitiv (f. § 47 Anm.). Ἐναντίος entgegengesetzt kann sowohl den Dativ als auch den Genitiv zu sich nehmen.

b) bei den Adj. der freundlichen und feindlichen Gesinnung und der Gemeinschaft:

φίλος, εὔνους — ἐχθρός, πολέμιος, ἐναντίος — κοινός (f. § 33 A.), συγγενής u. a.

c) bei den Adverbien ἅμα und ὁμοῦ zugleich und bei den zu oben= genannten Adj. gehörigen Adverbien und adverbialen Ausdrücken: ὁμοίως, ἐξ ἴσου in gleicher Weise (nicht ἴσως, welches bedeutet: vielleicht, wahrscheinlich), φιλικῶς, z. B. διακεῖσθαί τινι, häufiger πρός τινα, Gegent. ἐχθρῶς.

§ 55   3. Der Dativ der beteiligten Person steht, in Ueber= einstimmung mit dem Lateinischen,

a) bei εἶναι, γίγνεσθαι, ὑπάρχειν, um zu bezeichnen, für wen etwas da ist, wer etwas hat:

Ὄνομα μειρακίῳ Πλάτων ἦν.

Anm. 1. Bei εἶναί τινι jemandem gereichen steht auf die Frage wozu? nicht der Dativ, sondern der Nominativ:

Χαιρεφῶν ἐμοὶ ζημία μᾶλλον ἢ ὠφέλειά ἐστιν.

b) als Dativ der tätigen Person beim Passiv statt ὑπό c. gen., bisweilen beim Perf. und Plusqpf. Pass., regelmäßig bei dem Adj. verb. auf τέος,

c) als Dativus commodi und incommodi:

Πᾶς ἀνὴρ αὑτῷ πονεῖ.

Anm. 2. Hierher gehört die Wendung αἴτιόν τινί τινος γενέσθαι, z. B. πολλῶν ἀγαθῶν sich um jemanden wohl verdient machen, zu unter= scheiden von ἄξιόν τινί τινος εἶναι, z. B. θανάτου, um jemanden etwas verdient haben.

d) Dativus ethicus zur Bezeichnung der Person, die an der Hand= lung einen gemütlichen Anteil nimmt, häufig mit dem Zusatz von βουλομένῳ, ἡδομένῳ, ἀσμένῳ, ἀχθομένῳ.

e) als Dativus relationis zur Bezeichnung der Person, für welche oder von deren Standpunkt aus die Aussage Geltung hat, in mannichfacher Anwendung, z. B. für das deutsche in den Augen, nach dem Urteil jemandes, auch in Rücksicht auf jemand.

II. Der Dativ steht in der Bedeutung des lateinischen Ab= lativs

§ 56   1. als Dat. instrumentalis zur Bezeichnung des Mittels oder Werkzeugs, womit oder wodurch etwas geschieht.

Dieser Dativ findet sich unter andern in folgenden Wendungen:
a) νικᾶν μάχῃ in einer Schlacht siegen,
b) bei ζημιοῦν und κολάζειν, z. B. ζημιοῦν τινα χρήμασι um Geld strafen, θανάτῳ mit dem Tod,
c) bei den Verben γιγνώσκειν erkennen, τεκμαίρεσθαι schließen aus, κρίνειν beurteilen nach etwas (seltner ἔκ und ἀπό τινος),

d) bei militärischen Operationen, auch bloßen Bewegungen, zur Bezeichnung der Truppen, mit denen sie ausgeführt werden, z. B. πορεύεσθαι, στρατεύεσθαι πολλῷ πλήθει (στρατῷ, στόλῳ), πολλοῖς στρατιώταις, ἵπποις τοῖς δυνατωτάτοις καὶ ἀνδράσι (vgl. § 135 Anm. 5).

Anm. Der Dativ bei χρῆσθαι gebrauchen ist nicht instrum., sondern Objectscasus, vgl. § 53 γ.

2. als Dat. causae zur Bezeichnung

a) der äußern Ursache oder Veranlassung, z. B. νόσῳ, φαρ- § 57 μάκῳ τελευτᾶν,

ferner bei den Verben des Affectes:

χαίρειν, ἥδεσθαι (sich freuen über), ἀγάλλεσθαι stolz sein auf, αἰσχύνεσθαι sich schämen (eines Vergehens), λυπεῖσθαι, ἀγανακτεῖν u. a.

Anm. 1. Häufig steht bei den Verben des Affectes und der Affectsäußerung ἐπί c. dat., regelmäßig bei μέγα φρονεῖν stolz sein auf. Χαίρειν ἐπ' αἰσχροῖς οὐδέποτε χρὴ πράγμασιν.

Anm. 2. Χαλεπῶς, βαρέως φέρειν aegre, graviter ferre, ferner ἀγαπᾶν zufrieden sein haben den Acc. oder den Dat. bei sich.

b) der innern Ursache oder des Beweggrundes, z. B. φόβῳ, εὐνοίᾳ, φθόνῳ, πόθῳ, αἰδοῖ, ἀνάγκῃ, ἀπορίᾳ.

Anm. 3. Für diesen Dativ kann auch ὑπό c. gen. eintreten, z. B. ὑπὸ πόθου aus oder vor Sehnsucht.

3. als Dat. modi zur Bezeichnung   § 58

a) der Art und Weise, wie etwas geschieht, z. B. τινὶ τρόπῳ, τῷδε τῷ τρόπῳ (s. § 29 b 2), und in vielen adverbartigen Dativen wie βίᾳ mit Gewalt, δόλῳ, σπουδῇ, σιγῇ, ἀνάγκῃ, ἔργῳ, λόγῳ, τῷ ὄντι, s. Fr. § 41.

Anm. Häufiger wird die Art und Weise durch wirkliche Adverbia oder durch präpositionale Ausdrücke bezeichnet, z. B. δικαίως, μετὰ δικαιοσύνης, ἐν δίκῃ.

b) des begleitenden Umstandes, z. B. πολλῷ θορύβῳ ἐπῇσαν, doch auch mit σύν, z. B. σὺν πολλῇ κραυγῇ.

4. als Dat. mensurae od. differentiae beim Comparativ § 59 und bei comparativischen Begriffen auf die Frage um wie viel?

τρισὶν ἡμέραις ὕστερον (πρότερον), πολλῷ, ὀλίγῳ, μικρῷ, τοσούτῳ, ὅσῳ ἀμείνων u. s. w., ferner πολλῷ προέχειν u. a. Νήπιοι οὐδὲ ἴσασιν ὅσῳ πλέον ἥμισυ παντός.

Anm. 1. Statt πολλῷ und ὀλίγῳ findet sich bisweilen πολύ und ὀλίγον; stets steht der Acc. zur Bezeichnung des Maßes bei τί, τὶ, οὐδέν (μηδέν).

Anm. 2. Die Dative πολλῷ und μακρῷ (auch ὅσῳ) finden sich auch bei dem Superlativ, z. B. πολλῷ ἄριστος.

5. als Dat. temporis zur genauern Bezeichnung der Zeit § 60 oder des Datums auf die Frage wann?

So stehen

a) die Dative ἡμέρᾳ, νυκτί, μηνί, ἔτει mit einer nähern Bestimmung, namentlich einer Ordinalzahl, z. B. τῇ τρίτῃ ἡμέρᾳ, τῇ προτεραίᾳ sc. ἡμέρᾳ.

b) der Dativ der Festnamen wie (τοῖς) Διονυσίοις, Παναθηναίοις.

Anm. Wo eine nähere Bestimmung fehlt, muß zu den unter a. ge= nannten Dativen ἐν hinzutreten: ἐν τούτῳ τῷ χρόνῳ, ἐν ἡμέρᾳ, ἐν νυκτί, ἐν θέρει.

§ 61   III.   In der Bedeutung eines **Locativs** (auf die Frage wo?) steht der Dativ in Prosa äußerst selten ohne Präposition; doch findet sich gewöhnlich Μαραθῶνι bei Marathon statt ἐν Μαραθῶνι.

V. Vom Verbum.

Genera des Verbums.

A. Activum.

§ 62   1.   Viele Activa haben neben der **transitiven** eine **intransi= tive** Bedeutung:

ἔχειν sich verhalten, z. B. καλῶς, und viele seiner Composita wie ἀπέχειν, s. §§ 38 b. 47,
πράττειν sich befinden, z. B. καλῶς,
ἐπιδιδόναι zunehmen, wachsen
τελευτᾶν enden, sterben
ὁρμᾶν sich aufmachen, aufbrechen
αἴρειν, ἀπαίρειν (sc. ἄγκυραν) wegsegeln, auch αἴρειν ταῖς ναυ= σίν, dann auch aufbrechen, z. B. τῷ στρατῷ,
ἄγειν ziehen, vom Feldherrn wie vom Heere, προσάγειν heranrücken, ὑπάγειν allmählich heranrücken
ἐλαύνειν ziehen, wie ἄγειν, ferner reiten (sc. τὸν ἵππον), fahren (sc. τὸ ἅρμα, τὴν ναῦν)
καταλύειν (sc. τὰ ὑποζύγια, τοὺς ἵππους) Halt machen, um zu ruhen oder einzukehren
ἀναζευγνύναι (sc. τὰ ὑποζύγια) wieder aufbrechen
εἰς -, ἐμ-βάλλειν einfallen (in ein Land), münden wie ἐξιέναι von ἐξίημι; ferner andere Composita von βάλλειν: προσβάλλειν τινί angreifen, συμβάλλειν τινί, zusammenstoßen, congredi, συμμι= γνύναι τινί sich vereinigen, zusammentreffen (freundlich und feindlich).

§ 63   2.   Das Activum bezeichnet nicht selten eine Handlung, die das Subject nicht selbst ausführt, sondern **ausführen läßt** (causati= ves Activ), z. B. Κῦρος τὰ βασίλεια κατέκαυσεν (ließ nieder= brennen).

B. Medium.

§ 64   1.   Das **dynamische** oder **subjective** Medium führt die Hand= lung ausdrücklich auf die **Kraft** und die **Mittel des Subjectes** zurück:

παρέχεσθαι von sich darbieten, συμβάλλεσθαι aus eignen Mitteln beitragen, ἀποφαίνεσθαι, ἀποδείκνυσθαι γνώμην eine eigne Meinung äußern, ἔργα Taten von sich aufweisen, verrichten, ποιεῖσθαι mit dem Acc. eines Verbalsubstantivs: eine Tätigkeit selbst ausüben, nicht bloß veranlassen oder hervorrufen, zur Umschreibung des Verbalbegriffs, z. B. πόλεμον ποιεῖν bellum movere, πόλεμον ποιεῖσθαι bellum gerere.

Anm. Hierher gehört auch πολιτεύεσθαι seine Eigenschaft als Bürger betätigen, rem publicam gerere.

2. Das **directe** oder reflexive Medium bezeichnet eine Tätig= §65 keit, die sich auf das Subject als directes Object zurückwendet. Der Gebrauch dieses Mediums ist auf wenige Verba beschränkt; merke:

a) Verba, die eine äußerliche, meist auf den Körper des Sub= jectes gerichtete Tätigkeit bezeichnen:

λοῦσθαι sich baden   ἀλείφεσθαι, χρίεσθαι sich salben
στεφανοῦσθαι sich bekränzen   γυμνάζεσθαι sich üben
παρασκευάζεσθαι sich rüsten   ὁπλίζεσθαι sich waffnen
τάττεσθαι, συντάττεσθαι sich ordnen, in Schlachtordnung aufstellen.

b) Verba, die einen geistigen Vorgang bezeichnen:

ἀπέχεσθαι sich enthalten   παύεσθαι sich aufhören machen, auf= hören.

Sonst muß der Acc. des Pron. reflex. stehen:

ἀποκτείνειν ἑαυτόν, ῥιπτεῖν ἑαυτόν u. f. w.

3. Das **indirecte** oder dativische Medium bezeichnet eine §66 Handlung, die das Subject für sich (in seinem Interesse) ausführt. Dieses Medium ist das gebräuchlichste:

a) εὑρίσκεσθαι für sich ausfindig machen, erlangen, z. B. ἀγαθόν τι παρά τινος, πορίζεσθαι sich verschaffen
ἄγεσθαι γυναῖκα ein Weib heimführen
ἐπάγεσθαί τινα einen für sich gewinnen, φίλον τινὰ ποιεῖσθαι sich einen zum Freund machen (§ 23, 1)
μεταπέμπεσθαι sich (zu sich) kommen lassen
αἱρεῖσθαι sich nehmen, wählen.
b) ἀμύνεσθαί τινα jemanden von sich abwehren
τρέπεσθαί τινα (τρέψασθαι) jemanden von sich wenden, in die Flucht schlagen.

Anm. 1. Das causative Medium unterscheidet sich von dem causa= tiven Activum (f. §63) nur durch die Zurückbeziehung der veranlaßten Hand= lung auf das veranlassende Subject:

διδάσκεσθαι τοὺς παῖδας seine Kinder unterrichten lassen — μισ= θοῦν um Lohn verdingen, μισθοῦσθαι um Lohn sich verdingen lassen d. i. mieten — δικάζειν Recht sprechen, δικάζεσθαι sich Recht sprechen lassen, processiren, — δανείζειν auf Zinsen geben, δανείζεσθαι borgen.

Anm. 2. Reciproke Bedeutung kann das Medium erhalten, wenn es im Plural steht, z. B. διανέμονται sie verteilen unter sich.

4. Einzelne Verba erhalten im Medium eine technische oder §67 eine auf das geistige Gebiet übertragene Bedeutung:

τὴν ψῆφον τίθεσθαι seine Stimme abgeben
(γραφήν) γράφεσθαι eine Klagschrift aufsetzen
τὰ ὅπλα τίθεσθαι Halt machen oder bewaffnet antreten (εἰς τάξιν)

σπένδεσθαι (unter Darbringung von Trankopfern) einen Vertrag schließen

ferner ποιεῖσθαι, z. B. περὶ πολλοῦ nicht wirklich zu etwas wert-vollem machen, sondern nur in seiner Vorstellung oder Schätzung ihm einen hohen Wert beilegen

φυλάττεσθαι nicht eigentlich Wache halten, sondern auf seiner Hut sein, sich hüten.

C. Passivum.

§ 68   1. Bei der Verwandlung der activen in die passive Construction wird der Objectscasus zum Subjectscasus, und zwar:

a) der Objectsaccusativ bei den transitiven Verben,

b) der Objectsgenitiv oder -dativ bei einzelnen Verben, die den Gen. oder den Dat. regieren; merke:

1) ἄρχομαι werde beherrscht, s. § 38 a.

ἀμελοῦμαι, καταφρονοῦμαι, καταγελῶμαι werde vernachlässigt, verachtet, verlacht, s. §§ 41. 39;

Δεῖ τὸν ἄρχοντα τῶν ἀρχομένων διαφέρειν.

2) φθονοῦμαι werde beneidet, invidetur mihi (§ 52, Anm. 2), ἐπιβουλεύομαι, πιστεύομαι, ἀπιστοῦμαι man stellt mir nach, traut mir, traut mir nicht.

Πένης λέγων τἀληθὲς οὐ πιστεύεται.

Anm. 1. Über die passive Construction der Verba καταγιγνώσκειν u. ä. s. § 45, Anm. 2.

Anm. 2. Der Accusativ des Objectes bleibt beim Passiv in einzelnen Fällen unverändert:

a) der Acc. des äußern Objectes:

1) Verba, die im Activ den Acc. eines Körperteils regieren, pflegen in der passiven Construction die Person, welcher derselbe angehört, zum Subject zu machen und den Acc. des Körperteils beizu-behalten:

Ἀπέτεμε τὰς κεφαλὰς αὐτῶν und ἀπετμήθησαν τὰς κεφαλάς.

2) Verba, welche bedeuten jemandem etwas auftragen, über-lassen (ἐπιτάττειν, ἐπιτρέπειν τινί τι), lassen im Passiv den Objectsaccusativ unverändert und verwandeln den Dativ in den Subjectscasus, z. B. ἐπιτρέπομαι τὴν φυλακήν, man über-trägt mir die Bewachung.

3) die Verba, welche im Activ einen doppelten Accusativ des äußern Objectes bei sich haben, lassen das sachliche Object unver-ändert, s. § 24;

b) der Acc. des innern Objectes

bei den Verben, die einen Accusativ des äußern und des innern Objectes zugleich regieren, s. § 26.

§ 69   2. Auch zu einzelnen Mediis werden passive Aoriste gebildet, z. B. γραφῆναι zu γράψασθαι anklagen (§§ 45. 67) und αἱ-ρεθῆναι zu ἑλέσθαι wählen (§§ 23. 66).

Anm. Über die passiven Formen von Deponentibus s. Fr. § 76.

3. Als Passiva transitiver Verba dienen folgende Activa §70 mit intransitiver Bedeutung:

εὖ (κακῶς) πάσχειν ὑπό τινος zu εὖ (κακῶς) ποιεῖν⎫ ⎰§22a.
εὖ (κακῶς) ἀκούειν ὑπό τινος zu εὖ (κακῶς) λέγειν⎭
φεύγειν ὑπό τινος zu διώκειν, s. § 45,
ἐκπίπτειν ὑπό τινος vertrieben werden zu ἐκβάλλειν
ἀποθνῄσκειν ὑπό τινος zu ἀποκτείνειν, s. Fr. § 67,
γίγνομαι zu ποιῶ (§ 23), zu τίκτω (§ 46), zu dem dynamischen Medium ποιεῖσθαι, z. B. κατάβασις αὐτοῖς ἐγένετο.

Auch die intransitiven Tempora von ἵστημι werden als Passiva gebraucht, z. B. κατέστη στρατηγός wurde zum Feldherrn eingesetzt.

Tempora.

A. Bedeutung der Tempora

im Indicativ.

Die Bedeutung der Indicative der sieben Tempora des §71 griechischen Verbums nach:

1) dem Zeitverhältnis der Handlung zur Gegenwart des Redenden,

2) den Entwickelungsstufen der Handlung selbst läßt sich unter Berücksichtigung der hergebrachten Einteilung in Haupt- und Nebentempora in folgender Tabelle veranschaulichen:

Die Handlung wird hingestellt	Neben-tempora: Vergangen-heit	Haupt-tempora: Gegen-wart	Zukunft	gebildet
a. 1) schlechthin ohne Rücksicht auf ihre Entwickelung	Aoristus ἀπέθανεν		Futurum I ἀποθανεῖ-ται	vom reinen Stamm (mit wenigen Ausnahmen)
2) als eintretend, beginnend (ingressiv)	ἐβασίλευσεν		βασιλεύ-σει	
b. als dauernd oder sich entwickelnd (durativ)	Imperfectum ἀπέθνησκον	Präsens ἀποθνῄ-σκει		vom Präsensstamm
c. als vollendet oder abgeschlossen (perfectisch)	Plusquam-perfectum ἐτεθνήκει	Perfec-tum τέθνηκε	Futu-rum I τεθνήξει	vom Perfectstamm

a. Aoristus und Futurum.

§ 72   1. Der Indicativ des Aoristus bezeichnet

1) schlechtweg, daß etwas in der Vergangenheit geschah oder geschehen ist, war oder gewesen ist:

ἀπέθανε er starb oder er ist gestorben, nicht aber er ist todt — ἐβασίλευσε ist König gewesen, ἐπολέμησε hat Krieg geführt.

Anm. Der Ind. Aor. steht oft in Erfahrungssätzen (gnomischer oder empirischer Aorist), wo im Deutschen das Präsens oder die Umschreibung mit pflegen steht, s. § 75:

Πολλὰ ὁ χρόνος διέλυσε löst auf oder pflegt aufzulösen.

2) daß ein Zustand oder eine dauernde Handlung in einem Moment der Vergangenheit eintrat oder begann (ingressive Bedeutung):

ἐβασίλευσε ward König	ἦρξε gelangte zur Herrschaft, ward Archont
ἐπλούτησε ward reich	ἐσιώπησε verstummte
ἔβλεψε warf einen Blick	ἐθάρσησε bekam, faßte Mut
ἐνόσησε ward krank	ἐπολέμησε fing Krieg an
ἠράσθη gewann lieb	ἐγέλασε fing an zu lachen, lachte auf.

3) Der Aoristus vertritt die Stelle eines Tempus der Vorvergangenheit (s. §§ 77. 79):

Κῦρον μεταπέμπεται Ἀρταξέρξης ἀπὸ τῆς ἀρχῆς, ἧς αὐτὸν σατράπην ἐποίησε (gemacht hatte).

§ 73   2. Der Indicativ Futuri I. bezeichnet

1) schlechtweg, daß etwas in Zukunft geschehen oder sein wird:

ἀποθανεῖται wird sterben, βασιλεύσει wird König sein.

2) daß ein Zustand oder eine dauernde Handlung in einem Moment der Zukunft eintreten oder beginnen wird (ingressive Bedeutung s. § 72, 2):

βασιλεύσει wird König werden, ἕξω werde bekommen.

Anm. Μέλλω m. Inf. Fut. oder Präs. (seltner Aor.) heißt

1) ich stehe im Begriff, z. B. οἱ μέλλοντες μάχεσθαι,
2) es steht zu erwarten, daß ich, z. B. τὸ μέλλον γενήσεσθαι.
Εἴ ποτε πορεύοιτο Κῦρος καὶ πλεῖστοι μέλλοιεν ὄψεσθαι, προσκαλῶν τοὺς φίλους ἐσπουδαιολογεῖτο.
3) in hypothetischen Sätzen ich soll:
Ἀγαθοῦ δεῖ ἐπιστάτου, εἰ μέλλει ἡ πολιτεία σώζεσθαι.

b. Die Tempora des Präsensstammes.

1. Der Indicativ Präs. und das Imperfectum sind ihrer Bedeutung nach einander nahe verwandt:

§ 74   1) Der Ind. Präs. bezeichnet eine Handlung als eine, die in der Gegenwart dauert oder sich entwickelt, das Imperf. als eine, die in der Vergangenheit dauerte oder sich entwickelte.

Anm. Eine in der Entwickelung begriffene, noch nicht zu ihrem Resultat gelangte Handlung kann als Versuch erscheinen, z. B. πείθω τινά suche jemanden zu überreden (Praesens de conatu), ἔπειϑον suchte zu überreden (Imperfectum de conatu).

2) Der Ind. Präs. bezeichnet eine Handlung, die sich einer Ge= §75 wohnheit oder Sitte gemäß in der Gegenwart oder auch zu allen Zeiten wiederholt (Praesens iterativum), das Im= perfectum eine Handlung, die sich in der Vergangenheit wieder= holte (Imperfectum iterativum).

Anm. Der Aoristus ohne ἄν schließt den Begriff der wiederholten Handlung aus, f. unten § 89 Anm. 3.

3) Mehrere Präsentia und die dazu gehörigen Imperfecta §76 können im Sinn eines Perfects und Plusquamperfects eine bereits ab= geschlossene und im Resultat vorliegende Handlung bezeichnen:

νικῶ bin Sieger   ἡττῶμαι bin Besiegter
ἀδικῶ bin Übeltäter   διώκω bin Ankläger
φεύγω bin Angeklagter oder Verbannter

und ἐνίκων war Sieger u. f. w.

Anm. 1. Die Präsentia ἀκούω, πυνϑάνομαι, μανϑάνω, αἰσ-
ϑάνομαι und γιγνώσκω bezeichnen oft eine Wahrnehmung u. f. w.,
die zwar in der Vergangenheit gemacht, deren Inhalt aber einem noch
gegenwärtig ist:
Κύρου, ἐξ ὧν ἀκούω, οὐδένα κρίνω ὑπὸ πλειόνων πεφιλῆσϑαι
οὔτε Ἑλλήνων οὔτε βαρβάρων.
Ἄρτι γιγνώσκεις, ὅτι πᾶς τις ἑαυτὸν μάλιστα φιλεῖ.

Anm. 2. Die Präsentia ἥκω und οἴχομαι (f. Fr. § 93, 17) haben
nur Perfectbedeutung, die Imperfecta ἧκον und ᾠχόμην sowohl
Plusquamperfect= als auch Aoristbedeutung: (war gekommen) war oder
kam, (war gegangen) war fort oder ging fort.

2. Das Imperfectum kann die Stelle eines Tempus der §77 Vorvergangenheit vertreten, wenn die vorvergangene Handlung als eine dauernde bezeichnet werden soll:
Ἀριαῖος ἐν τῷ σταϑμῷ ἦν μετὰ τῶν ἄλλων βαρβάρων, ὅϑεν τῇ
προτεραίᾳ ὡρμῶντο (aufgebrochen waren), f. § 72, 3.

c. Die Tempora des Perfectstammes.

1. Perf., Plusquamperf. und Fut. 2. bezeichnen den Zu= §78 stand des Vollendetseins einer Handlung oder eines Vor= gangs
a) in der Gegenwart: τέϑνηκε er ist todt,
b) in der Vergangenheit: ἐτεϑνήκει er war todt,
c) in der Zukunft: τεϑνήξει er wird todt sein.

vgl. ἕστηκε steht (ἔστη stellte sich), ἑστήκει, ἑστήξει — βέβηκε
befindet sich in schreitender Stellung (ἔβη schritt aus), κέκραγε schreit
(ἀνέκραγε schrie auf), ἐκεκράγει, κεκράξεται, κέκτημαι besitze (ἐκτη-
σάμην erwarb), κεκτήσομαι, σεσίγηκα bin verstummt, stumm
(ἐσίγησε verstummte).

2. Das Plusquamperfect bezeichnet nicht wie im Lat. die vor= §79 vergangene Handlung. Diese wird vielmehr gegeben
a) durch den Aorist, f. § 72, 3 und
b) durch das Imperfect, f. § 77, 2.

B. Bedeutung der Tempora

im Conjunctiv, Optativ, Imperativ und Infinitiv.

§ 80   Die Conjunctive, Optative, Imperative und Infinitive stimmen in der Bezeichnung (oder Nichtbezeichnung) der Entwickelungs = stufen der Handlung mit ihren Indicativen überein; über das Zeit = verhältnis der Handlung zur Gegenwart des Redenden verraten sie nichts. Nur bezeichnen in der **oratio obliqua** vom Standpunkt des redenden Subjects

> Optativ und Infinitiv Aoristi eine vergangene,
> Optativ und Infinitiv Futuri eine zukünftige,
> Optativ und Infinitiv Präsentis eine gegenwärtige
> Handlung:

> εἶπεν ὅτι ἀποθάνοι (αὐτὸν ἀποθανεῖν) daß er gestorben sei
> „   „ ἀποθανοῖτο (αὐτὸν ἀποθανεῖσθαι) daß er sterben werde
> „   „ ἀποθνήσκοι (αὐτὸν ἀποθνήσκειν) daß er im Sterben liege.

Dabei stehen der Infinitiv Präs., seltener der Optativ Präs. auch im Sinn des Imperfects der vorvergangenen Handlung (§ 77):

> εἶπεν (ὅτι ἀποθνήσκοι) αὐτὸν ἀποθνήσκειν daß er im Sterben gelegen habe.

Anm. Der Optativ Futuri kommt überhaupt nur in der oratio ob = liqua als Stellvertreter des Indicativs vor, hat also stets Futurbedeutung.

C. Bedeutung der Tempora

im Participium.

§ 81   1. Die Participien bezeichnen nicht das Zeitverhältnis der Neben = handlung zur Gegenwart des Redenden, sondern ihr Verhältnis zur Haupthandlung, ob sie derselben vorhergehend, gleichzeitig oder nachfolgend zu denken ist:

> λέξας locutus, λέγων loquens, λέξων locuturus.

§ 82   2. Das Participium Aoristi wird zwar meistenteils gebraucht, um die Nebenhandlung als der Haupthandlung vorausgehend zu be = zeichnen, an sich aber deutet es die Entwickelungsstufe der Neben = handlung nicht an und findet sich auch in Fällen, wo im Deutschen indem oder dadurch daß steht:

> Οἱ δὲ ταῦτα ʼεποίησαν ἀγαγόντες (indem sie brachten) ὡς
> τρισχιλίους ὁπλίτας.

Über das Part. Aor. bei ἔλαθον und ἔφθασα s. § 141 Anm. 1.

§ 83   3. Das Participium Präsentis kann als Participium des Im = perfects auch eine vorvergangene Handlung bezeichnen (s. § 77):

> οἱ στρατευόμενοι = οἱ ἐστρατεύοντο welche im Felde gelegen hatten.

Modi.

I. Modi in Hauptsätzen.

Die Hauptsätze zerfallen in §84

A. **Aussage-** oder **Behauptungssätze** — Negation οὐ,

B. Sätze, in denen ein **Wille** oder ein **Wunsch** zum Ausdruck gelangt — Negation μή.

A. In den Aussagesätzen und den entsprechenden Fragesätzen steht

1. der **Indicativ**

a) übereinstimmend mit dem Deutschen der Indicativ aller §85 Tempora:

$$\text{Ἔστι θεός — οὐκ ἔστι θεός.}$$

b) abweichend vom Deutschen, und zwar §86

1) der **Indicativ Imperfecti** für den deutschen Con-junctiv Imperfecti und Plusquamperfecti, wenn behauptet wird, daß eine Handlung **möglich** oder **notwendig** sei oder ge-wesen sei. So stehen:

ἐξῆν (παρῆν, ἦν, οἷόντ' ἦν) es wäre möglich (gewesen), man könnte oder hätte gekonnt,
ἔδει es wäre nötig (gewesen), man müßte oder hätte müssen,
χρῆν (ἐχρῆν) man sollte oder hätte sollen,
προσῆκε es geziemte sich oder hätte sich geziemt,

ferner:

ἀνάγκη (ἀναγκαῖον) ἦν, καλόν (κάλλιον, ἄμεινον, κρεῖττον), δίκαιον, ἄξιον, εἰκὸς ἦν, αἰσχρὸν ἦν,

endlich die Verbaladjectiva auf τέος mit ἦν.

Wenn aber behauptet wird, daß eine Handlung unter andern Umständen möglich oder notwendig sein würde oder gewesen sein würde, während sie es in Wirklichkeit nicht ist oder gewesen ist oder umgekehrt, so tritt zu dem Imperfect ἄν hinzu, s. §§ 89. 108:

El ἐκ τοῦ παρεληλυθότος χρόνου τὰ δέοντα οὗτοι συνεβούλευσαν, οὐδὲν ἄν ὑμᾶς νῦν ἔδει βουλεύεσθαι, Ggt. νῦν δὲ δεῖ βουλεύεσθαι.

2) der **Indicativ Aoristi** mit ὀλίγου oder ὀλίγου δεῖν §87 (§. 130) oder das persönliche ἐδέησα mit dem Inf. Aor., um zu bezeichnen, daß etwas beinahe geschehen wäre:

ὀλίγου (δεῖν) ἀπέθανον oder ὀλίγου ἐδέησαν ἀποθανεῖν.

2. der **Optativ Präsentis** oder **Aoristi** mit ἄν als §88 Form der **höflichen Behauptung** für **Gegenwart** und **Zukunft** (sog. **Potentialis**), zu übersetzen mit einem Futurum oder **könnte**, **dürfte**, **möchte**:

λέγοις ἄν — οὐκ ἄν λέγοις — πῶς ἄν λέγοις;

Anm. Βουλοίμην ἄν wird wie im Lat. velim dann gesetzt, wenn der im Infinitiv folgende Wunsch nicht als unerfüllbar hingestellt werden soll (vgl. § 93, a):

Βουλοίμην ἄν τοῦτο οὕτως γενέσθαι.

§ 89   3. Der Indicativ einer historischen Zeitform mit ἄν läßt eine Handlung an eine Bedingung geknüpft erscheinen. Wird diese Bedingung nicht erfüllt oder ist sie nicht erfüllt worden, so bezeichnet der Ind. der hist. Zeitform mit ἄν als sog. **Irrealis**, daß etwas **wegen nicht erfüllter Bedingung nicht ist oder gewesen ist**, während es wäre oder gewesen wäre, wenn die Bedingung erfüllt würde oder erfüllt worden wäre, s. § 108.

ἐποίουν ἄν facerem   ἐποίησα ἄν fecissem
οὐκ ἄν ἐποίουν non facerem   οὐκ ἄν ἐποίησα non fecissem.

Anm. 1. Ἐβουλόμην ἄν wird wie vellem gesetzt, wenn der im Infinitiv folgende Wunsch als unerfüllbar hingestellt werden soll, s. § 88 Anm.

Ἐβουλόμην ἄν οὕτως ἔχειν.

Anm. 2. Der Ind. Imperf. oder Aor. mit ἄ|ν hat auch die Be= deutung eines **Potentialis** der Vergangenheit:

ἔνϑα δὴ ἔγνω ἄν τις tum cerneres — τίς ἄν ᾤετο; quis crederet?

Anm. 3. Ist die Bedingung, an welche die Handlung durch ἄν ge= knüpft erscheint, wiederholt erfüllt worden, so wird durch den Ind. der histor. Zeitform mit ἄν ausgedrückt, daß die Handlung **jedesmal** geschah, so oft die Bedingung erfüllt wurde, vgl. § 75 Anm.

§ 90   **Zusatz über die Stellung von ἄν in selbständigen Behauptungssätzen.**

Die Partikel ἄν schließt sich an das Verbum oder an die Negation, an Fragewörter, Adverbien oder andre betonte Wörter an und ver= bindet sich gern mit dem steigernden καί (auch, sogar) zu κἄν.

Θεοῦ ϑέλοντος κἄν ἐπὶ ῥιπὸς πλέοις.

B.   **Die zweite Klasse der Hauptsätze** drückt aus

1.   den **Willen** des Sprechenden

§ 91   a) als einen **Entschluß**, selbst etwas zu tun, und zwar:

     1) **allein**,
     2) in **Gemeinschaft** mit den Angeredeten, wobei sich mit der Ankündigung des eignen Entschlusses eine **Aufforderung** verbindet.

In beiden Fällen steht der **Coniunctivus Praesentis** oder **Aoristi**, dort in der 1. P. Sing., gewöhnlich durch ἄγε oder φέρε eingeführt, hier in der 1. P. Plur. (Coni. **adhortativus**):

Φέρε δὴ τὰς μαρτυρίας ὑμῖν ἀναγνῶ laßt mich vorlesen. Ἴωμεν (ἀλλ' ἴωμεν) eamus — Μὴ μέλλωμεν ne cunctemur.

Ist der **Entschluß** ein **zweifelhafter**, so stehen dieselben **Coniunctivformen** (Coni. **dubitativus** oder **deliberativus**), nicht selten mit dem Zusatz βούλει und βούλεσϑε:

Πότερον ἑλώμεϑα; — Εἴπωμεν ἢ σιγῶμεν; — Τί βούλεσϑε ποιῶ; βούλεσϑε τὸ ὅλον πρᾶγμα ἀφῶμεν καὶ μὴ ζητῶμεν;

Anm. Selten findet sich der Coni. dubitativus in der dritten Person: τί ποιήσῃ; quid faciat?

§ 92   b) als einen **Befehl**, und zwar
     1) **positiv** durch den **Imperativus**
ποίει, ποιείτω u. s. w., ποίησον, ποιησάτω u. s. w.

2) negativ (**Verbot**)

α) durch μή mit dem Imp. Präs.:

μὴ ποίει, μὴ ποιείτω u. f. w.

β) durch μή mit dem Coni. Aor. (Coni. **Prohibitivus**):

μὴ ποιήσῃς, μὴ ποιήσῃ u. f. w.

Anm. 1. In der 3. Perf. findet sich auch μή mit dem Imperativ Aor.

Μηδεὶς προσδοκησάτω ἄλλως.

Anm. 2. Der Unterschied von μὴ φοβηθῇς erschrick nicht und μὴ φοβοῦ fürchte dich nicht erklärt sich aus §§ 72, 2. 80. — In Lebensregeln wird meist der Imper. Präs. vorgezogen:

Ἀθάνατον ἔχθραν μὴ φύλαττε θνητὸς ὤν.
Θεὸν νόμιζε καὶ σέβου, ζήτει δὲ μή.

2. den **Wunsch** des Redenden, meist eingeführt durch εἴθε oder §93 εἰ γάρ

a) als einen, der nicht als unerfüllbar hingestellt werden soll, durch den **Optativus** Praesentis oder Aoristi:

Εἴθε ζῴη utinam vivat
Μή μοι γένοιθ' ἃ βούλομ' ἀλλ' ἃ συμφέρει.

Ὦ παῖ γένοιο πατρὸς εὐτυχέστερος
τὰ δ' ἄλλ' ὅμοιος, καὶ γένοι' ἂν οὐ κακός.

b) als einen, der als unerfüllbar hingestellt werden soll, durch das Imperfectum oder den Indicativus Aoristi, je nachdem er sich auf die Gegenwart oder auf die Vergangenheit bezieht:

εἴθε ἔζη utinam viveret
εἴθε ἀπέθανε utinam obisset
εἴθε μὴ ἀπέθανε utinamne obisset.

Anm. Zum Ausdruck des unerfüllbaren Wunsches dient auch ὤφελον, ὤφελες, ὤφελε u. f. w. (εἴθε, εἰ γάρ, μὴ ὤ. f. Fr. § 93, 11) mit dem Inf. Präs., wenn er sich auf die Gegenwart, mit dem Inf. Aor., wenn er sich auf die Vergangenheit bezieht:

εἴθ' ὤφελε ζῆν utinam viveret
εἴθ' ὤφελεν ἀποθανεῖν utinam obisset
εἴθ' ὤφελε μὴ ἀποθανεῖν utinamne obisset.

II. Modi in Nebensätzen.

1. **Nebensätze mit den Modusformen selbständiger Aussage- und Fragesätze.**

a. Die abhängigen Aussagesätze,   §94

welche durch ὅτι oder ὡς eingeleitet werden,

bewahren die Modusformen selbständiger Aussagesätze (§§ 85. 88. 89):

Indicativ, sog. Potentialis, sog. Irroalis.

Nur wenn im Hauptsatz ein historisches Tempus steht, kann statt des Indicativs der **optativus orationis obliquae** (f. § 80) eintreten:

Οὗτοι ἔλεγον ὅτι Κῦρος μὲν τέθνηκε, Ἀριαῖος δὲ πεφευγὼς ἐν τῷ σταθμῷ εἴη.

Ferner bewahren die abhängigen Aussagesätze

1) das Tempus,
2) die Negation οὐ

der selbständigen Aussagesätze:

> Ἠγγέλθη ὅτι Πελοποννήσιοι μέλλουσιν ἐσβαλεῖν ἐς τὴν Ἀττικήν.
> Ἀπεκρίνατο ὅτι αὐτοῖς οὐ μεταμελήσει.

Anm. 1. Ὡς steht besonders häufig nach Verben wie διαβάλλειν und negirten Verben des Sagens: Οὐκ ἐρῶ ὡς ἀργὸς ἦν.

Anm. 2. Nicht selten wird das Subject des abhängigen Aussagesatzes in den Hauptsatz gezogen (Prolepsis oder Anticipation), und zwar
a) als Object (im Accusativ, ἀντίπτωσις):

> Κῦρος ᾔδει βασιλέα, ὅτι μέσον ἔχοι τοῦ Περσικοῦ στρατεύματος.

b) als Subject bei δῆλον (φανερὸν) εἶναι in der persönlichen Construction:

> Κῦρος δῆλος ἦν πᾶσιν ὅτι ἐλυπεῖτο.

Anm. 3. Abhängige Aussagesätze können auch in den Infinitiv oder in das Participium treten, s. §§ 125. 146—152.

Regelmäßig steht der Infinitiv, wenn das Prädicat des Hauptsatzes ein Verbum des Meinens oder φάναι ist.

§ 95　　　　**b.　Die abhängigen oder indirecten Fragesätze,**

welche eingeführt werden durch

1) Fragepronomina und -adverbia, und zwar meistens durch indirecte (ὅστις, ὁποῖος, ὁπόσος, ὅπου u. s. w.), seltener durch directe (τίς, ποῖος, πόσος, ποῦ u. s. w.),
2) Fragepartikeln, und zwar in einfachen Fragen durch εἰ im Sinn von ob und von ob nicht, in der Doppelfrage durch εἰ — ἤ, πότερον (πότερα) — ἤ (εἴτε — εἴτε),

bewahren die Modusformen selbständiger Fragesätze (§§ 85. 88. 89. 91):

Indicativ, sog. Potentialis, sog. Irrealis,
Coni. **dubitativus.**

Nur wenn im Hauptsatz ein historisches Tempus steht, kann der Optativus or. obl. (s. §§ 80. 94) eintreten, und zwar

1) für den Indicativ:

> Ἤρετο εἴ τις ἐμοῦ εἴη σοφώτερος.

2) für den Coni. dubitativus:

> Οὐκ ᾔδειν ὅποι τραποίμην.

Ferner bewahren die abhängigen Fragesätze

1) das Tempus,
2) die Negation

der selbständigen Fragesätze. Es steht also bei der Frage des zweifel-haften Entschlusses μή, sonst überall οὐ. Nur im zweiten Glied einer indirecten Doppelfrage kann statt οὐ auch μή stehen.

> Σκόπει εἰ ἔτι μένει ἡμῖν ἢ οὔ, ὅτι οὐ τὸ ζῆν περὶ πλείστου
> ποιητέον ἀλλὰ τὸ εὖ ζῆν. — Σκοπεῖτε εἰ δίκαια λέγω ἢ μή.

Anm. 1. Auch bei den indirecten Fragesätzen findet die Anticipation des Subjectes statt, s. § 94 Anm. 1.

Anm. 2. Hat die Handlung des Hauptsatzes die Bedeutung eines Ver-suchs, so steht im Nebensatz nach einem Haupttempus ἐάν (ἤν) c. coni., nach einem Nebentempus εἰ c. opt., deutsch ob etwa:

> Ἐπιβουλεύουσιν ἢν δύνωνται βιάσασθαι. — Ἔπεμψαν πρέσβεις,
> εἴ πως πείσειαν.

c. Die causalen Nebensätze, §96

welche eingeführt werden durch

1) ὅτι quod, διότι propterea quod, quia.
2) die temporalen Conjunctionen ὡς, ὅτε, ἐπεί, ἐπειδή (quóniam weil denn), ἐπειδήπερ (quandoquidem, weil denn einmal),

bewahren die **Modusformen selbständiger Aussagesätze.**

Nur wenn im Hauptsatz ein **historisches** Tempus steht, kann statt des **Indicativs** der **optativus or. obliquae** (f. §§ 80. 94. 95) eintreten. Der Grund wird dann als **Gedanke** des tätigen Subjectes im Hauptsatz bezeichnet (quod c. cjctivo).

Ferner bewahren die abh. Causalsätze die **Negation** οὐ der selbständigen Aussagesätze:

> Οἱ Ἀθηναῖοι τὸν Περικλέα ἐκάκιζον, ὅτι στρατηγὸς ὢν οὐκ ἐπεξάγοι ἐπὶ τοὺς πολεμίους.

Anm. 1. Nach den Verben der Gemütsstimmung, wie θαυμάζειν, ἀγανακτεῖν, χαλεπαίνειν, χαίρειν, steht zur Angabe des Grundes

1) ὅτι mit der Negation οὐ,
2) εἰ mit der Negation οὐ oder μή.

Anm. 2. Ὡς und ἐπεί dienen auch zur Einführung von beigeordneten Causalsätzen = denn.

Anm. 3. Über das causale Particip mit ἅτε und ὡς f. § 136 b.

2. Die Folgesätze

werden eingeleitet durch die **Partikel** ὥστε **so daß.**

Ihre Construction ist eine doppelte:

1) Hat ein Folgesatz die **Geltung** eines **unabhängigen Aus-** §97 **sagesatzes,** so bewahrt er auch die **Modusformen selbständiger Aussagesätze** und die **Negation** οὐ.

> ὥστε (οὐκ) ἐνίκησε — ὥστε (οὐκ) ἂν νικήσειε — ὥστε (οὐκ) ἂν ἐνίκησε.

Anm. 1. Regelmäßig steht ὥστε mit dem **Indicativ** im Anschluß an τοσούτου δέω tantum abest ut-ut, f. § 124 Anm. 2.

Anm. 2. Ὥστε kann auch einen **Hauptsatz** einführen: darum, daher. Vgl. ὡς und ἐπεί § 96 Anm. 2.

2) Soll oder kann über die **Wirklichkeit** des im Folgesatz §98 Enthaltenen **nichts behauptet** werden, so steht der **Infinitiv** und die **Negation** μή. (Ueber das **Subject** des Infinitivs, sowie über ἄν bei dem Infinitiv f. §§ 120. 121.)

Der **Infinitiv** steht insbesondere

a) wenn ausgedrückt werden soll, daß sich aus dem **Inhalt** des Hauptsatzes die **Möglichkeit** des im Folgesatz Enthaltenen ergiebt:

> Πολλάκις ἔχων τις οὐδὲ τἀναγκαῖα νῦν
> αὔριον ἐπλούτησ', ὥστε χατέρους τρέφειν.

So steht regelmäßig nach einem Comparativ ἤ ὥστε mit dem Infinitiv:

' Οἱ ἀκοντισταὶ βραχύτερον ἠκόντιζον ἢ ὥστε ἐξικνεῖσθαι.

b) wenn die Folge als Wirkung des tätigen Subjectes im Haupt= satz erscheinen soll, und zwar

α) als eine erzielte nach ποιεῖν, διαπράττεσθαι (bewirken, daß f. § 126 γ.)

β) als eine erstrebte (alles tun, um zu —)

Πᾶν ποιοῦσιν ὥστε δίκην μὴ διδόναι.

c) wenn ὥστε bedeutet unter der Bedingung daß:

Ἐξὸν τοῖς ἡμετέροις προγόνοις τῶν λοιπῶν Ἑλλήνων ἄρχειν, ὥστε αὐτοὺς ὑπακούειν βασιλεῖ, οὐκ ἠνέσχοντο τὸν λόγον τοῦτον.

Anm. 1. Statt ὥστε tritt häufig, namentlich nach ἐπὶ τούτῳ unter der Bedingung, ἐφ' ᾧ oder ἐφ' ᾧτε ein, entweder mit dem Infini= tiv oder mit dem Ind. Fut (f. § 115).

Ἀφίεμέν σε ἐπὶ τούτῳ, ἐφ' ᾧτε μηκέτι φιλοσοφεῖν.

d) wenn der Folgesatz zu einem von Verben des Sagens oder Meinens abhängigen Infinitiv gehört, in welchem Fall er nicht selten durch οὐ negirt wird:

Οἴει αὐτοὺς ἀπείρους γραμμάτων εἶναι ὥστε οὐκ εἰδέναι;

Anm. 2. Für ὥστε beim Infinitiv tritt, wenn im Hauptsatz τοιοῦτος oder τοσοῦτος steht oder zu denken ist, häufig die dem Demonstrativ entsprechende und in Genus, Numerus und Casus assimilirte Form von οἷος oder ὅσος ein:

Οὐκ ἦν ὥρα οἵα ἄρδειν τὸ πεδίον.
Ἐλείπετο τῆς νυκτὸς ὅσον σκοταίους διελθεῖν τὸ πεδίον.
Ἐγὼ ἀεὶ τοιοῦτος, οἷος μηδενὶ ἄλλῳ πείθεσθαι ἢ τῷ λόγῳ.

3. Die Finalsätze

§ 99 werden eingeleitet durch die Partikeln

ἵνα, ὡς, ὅπως damit, ἵνα μή, ὡς μή, ὅπως μή (seltner μή allein) damit nicht.

1) Der Modus der Finalsätze ist der Conjunctiv des Präsens oder des Aoristus:

Τοὺς φίλους εὖ ποίει, ἵνα αὐτὸς εὖ πράττῃς.
Ἐπίτηδές σε οὐκ ἤγειρον, ἵνα ὡς ἥδιστα διάγῃς.

Anm. Zu ὅπως und ὡς c. conj. kann ἄν hinzutreten, nie zu ἵνα; ἵνα ἄν heißt vielmehr wo auch immer.

Πατρὶς γάρ ἐστι πᾶσ' ἵν' ἄν πράττῃ τις εὖ.

§ 100   2) Wenn im Hauptsatz ein historisches Tempus steht, so tritt für den Conjunctiv meist der Optativus Präsentis oder Aoristi ein:

Κῦρος φίλων ᾤετο δεῖσθαι, ὡς συνεργοὺς ἔχοι.

Anm. 1. Die Finalsätze nehmen in folgenden Fällen die Modusformen unabhängiger Wunschsätze an (§ 93):

1) Nach einem Optativ des Wunsches folgt ἵνα mit dem Optativ: εἴθε ἥκοις, ἵνα γνοίης.

Ebenso findet sich der Optativ im Anschluß an den sog. Potentialis.

2) Enthält der Hauptsatz einen als unerfüllbar hingestellten Wunsch oder das Urteil, daß etwas sein müßte (sollte) oder hätte sein müssen (sollen), aber nicht ist oder nicht gewesen ist, so steht ἵνα mit dem Indicativ einer historischen Zeitform (ohne ἄν):

Εἰ γὰρ ὤφελον οἷοί τε εἶναι οἱ πολλοὶ τὰ μέγιστα κακὰ ἐξεργάζεσθαι, ἵνα οἷοί τε ἦσαν αὖ καὶ ἀγαθὰ τὰ μέγιστα· νῦν δὲ οὐδέτερα οἷοί τε.

Ἄξιον ἦν ἀκοῦσαι, ἵνα ἤκουσας ἀνδρῶν διαλεγομένων, οἳ νῦν σοφώτατοί εἰσιν.

3) Den eigentlichen Finalsätzen verwandt sind   § 101

a) die mit ὅπως eingeleiteten Objectssätze der Verba dafür sorgen, daß etwas geschieht ἐπιμελεῖσθαι, φροντίζειν, etwas betreiben πράττειν, sich vorbereiten, Anstalten treffen παρασκευάζεσθαι.

Sie lassen den Conjunctiv, nach einem historischen Tempus auch den Optativ zu; gewöhnlich aber steht der Indicativ Futuri (§ 115):

Παρασκευάζομαι ὅπως (ἀμύνωμαι oder) ἀμυνοῦμαι.
Παρεσκευαζόμην ὅπως (ἀμύνωμαι, ἀμυναίμην) ἀμυνοῦμαι.

Anm. 1. Ohne Hauptsatz findet sich ὅπως mit dem Ind. Fut. als einbringliche Mahnung:
Ὅπως ἄνδρες ἀγαθοὶ ἔσεσθε.

b) die Objectssätze der Verba sich hüten φυλάττεσθαι, εὐλαβεῖσθαι.

Sie lassen außer μή c. inf. (s. § 126) auch μή c. coni. und ὅπως μή c. ind. fut. zu:
Χρὴ εὐλαβεῖσθαι μὴ ἐξαπατηθῆτε. — Φυλάττου ὅπως μὴ ποιήσεις.

c) die Objectssätze der Verba des Fürchtens (φοβεῖσθαι, δεδιέναι — δεινόν ἐστι μή (metus est ne), ὅρα, ὁρᾶτε μή (vide, videte ne) und des Argwöhnens (ὑποπτεύειν), welche durch μή (daß) oder μὴ οὐ (daß nicht) eingeführt werden.

Ihre Construction ist eine doppelte:

1) die der eigentlichen Finalsätze (s. §§ 99. 100)
Δέδιασι μὴ οἱ πολέμιοι προσάγωσιν.
Ἔδεισαν μὴ προσάγοιεν oder προσάγωσιν.

2) sie stehen nach Analogie der selbständigen Fragesätze mit dem Indicativ (s. § 85):
Μὴ ἡμαρτήκαμεν; wir haben doch nicht etwa gefehlt?
Δέδοικα μὴ ἡμαρτήκαμεν ich fürchte, wir haben gefehlt.

Μὴ οὐ δύναμαι λέγειν; ich bin doch nicht etwa unfähig zu reden?
Δέδοικα μὴ οὐ δύναμαι ich fürchte, ich bin unfähig zu reden.

Anm. 2. *Μή* oder *μὴ οὐ* findet sich auch ohne Hauptsatz:

Μὴ ἀγροικότερον ᾖ τὸ ἀληθὲς εἰπεῖν daß — nur — nicht.
Μὴ οὐ θεμιτὸν ᾖ wenn es nur nicht unrecht ist, wenn es nur auch recht ist.

Anm. 3. Bei den Verben des Fürchtens und bei *ἐπιμελεῖσθαι* findet oft eine Anticipation des Subjectes statt: *δεδιέναι τινά, μή —, ἐπιμελεῖσθαί τινος, ὅπως —* (vgl. § 94 Anm. 2).

4. Die hypothetischen, relativen und temporalen Rebenfätze

stimmen in folgenden Fällen in dem Gebrauche des Conjunctiv mit *ἄν* und des Optativ ohne *ἄν* überein:

§ 102   1) Soll eine Handlung als zukünftig oder erwartet be=
zeichnet werden, so steht:

Conj. Präf. mit *ἄν* im Sinn des lat. Futur. I.
Conj. Aor. mit *ἄν* im Sinn des lat. Futur. II.

Die Partikel *ἄν* steht stets unmittelbar hinter dem Relativum und verschmilzt mit *εἰ* und mehreren temporalen Conjunctionen zu *ἐάν* (*ἤν, ἄν*) und *ὅταν, ὁπόταν* u. f. w.

Im Hauptsatz pflegt das Futur zu stehen.

ἐὰν (*ὅστις ἄν, ὅταν* u. f. w.) *τοῦτο ποιῇ* si u. f. w. hoc faciet,
ἐὰν (*ὅστις ἄν, ὅταν* u. f. w.) *τοῦτο ποιήσῃ* si u. f. w. hoc fecerit.
Νέος ἄν πονήσῃς γῆρας ἕξεις εὐθαλές.

Anm. In der or. obliqua kann statt des Conj. Pr. und Aor. mit *ἄν* der Optativus Praes. oder Aor. ohne *ἄν* eintreten:

ἔλεγεν εἰ τοῦτο ποιοίη si — faceret,
ἔλεγεν εἰ τοῦτο ποιήσειε si — fecisset, aber auch

ἔλεγεν ἐὰν τοῦτο ποιῇ si — faceret
ἔλεγεν ἐὰν τοῦτο ποιήσῃ si — fecisset.

§ 103   2) Eine wiederholte Handlung wird ausgedrückt

a) wenn sie nicht einer bestimmten Zeit, also auch nicht der Ver=
gangenheit besonders zugewiesen werden soll, durch

den Conj. Präf. mit *ἄν* im Sinn des lat. Ind. Präf.,
den Conj. Aor. mit *ἄν* im Sinn des lat. Ind. Perf.

ἐὰν τοῦτο ποιῇ cum hoc facit
ἐὰν τοῦτο ποιήσῃ cum hoc fecit.

Im Hauptsatz steht dann das Präsens (oder der Aor. gnom., f. § 72 Anm.).

b) wenn sie der Vergangenheit zugewiesen werden soll, durch

den Opt. Präf. ohne ἄν im Sinne des lat. Imperf.,
den Opt. Aor. ohne ἄν im Sinne des lat. Plsqpf.

ει τοῦτο ποιοίη cum hoc faciebat
ει τοῦτο ποιήσειε cum hoc fecerat.

Im Hauptſatz ſteht dann das Imperfect mit oder ohne ἄν
oder der Aoriſt mit ἄν (ſ. §§ 75. 89 Anm. 3).

Darnach iſt zu unterſcheiden ein futuriſcher (§ 102) und ein
iterativer (§ 103) Gebrauch des Conj. mit ἄν und des Opt.
ohne ἄν.

Bei beiden Arten des Gebrauchs iſt die Negation μή.

a. Die hypothetiſchen Sätze.

Vorbemerkungen. §104

1. Die Haupt= oder Nachſätze der hypothetiſchen Perioden haben die
Modusformen ſelbſtändiger Ausſageſätze (ſ. §§ 85—89). Ihnen
entſprechen folgende Formen der hypothetiſchen Neben= oder Vorderſätze:

1) Inb. aller Tempora —   ει mit dem Inb. aller Tempora.
2) Optativ mit ἄν —   ει mit dem Optativ ohne ἄν.
  (ſog. Potentialis).
3) Inb. der hiſtor. Zeitf. mit ἄν   ει mit dem Inb. der hiſtor.
  (ſog. Irrealis)   Zeitformen ohne ἄν

Hierzu geſellt ſich nach § 102:

1 b.) Inb. Futuri —   ἐάν m. d. Conj. Präf. ob. Aor.

2. Nur durch die dritte Form der hypothetiſchen Periode (ſog. Irrealis — ει mit den Inb. d. hiſt. Ztf.) gibt der Redende ſeine Anſicht über
Wirklichkeit und Nichtwirklichkeit des im Vorderſatz und darum auch
des im Nachſatze Enthaltenen zu erkennen (§ 108).

1) *Ei* mit dem Indicativ aller Tempora ſtellt, un= §105
beſchadet der wahren Meinung des Redenden, den Inhalt des Vorder=
ſatzes als wirklich hin und wird namentlich dann gebraucht, wenn
die Notwendigkeit, mit welcher ſich der Nachſatz aus dem Vorder=
ſatz ergibt, ſcharf und beſtimmt ausgedrückt werden ſoll, wie in directer
oder indirecter Beweisführung.

Insbeſondere ſteht ει c. ind. fut. gern in Drohungen.

Im Nachſatz finden ſich alle Modusformen ſelbſtändiger Sätze
(§§ 85—93) namentlich der Indicativ und der Imperativ.

     Ei θεοὶ εἰσίν, ἔστι καὶ ἔργα θεῶν.
     Ei θεοὶ τι δρῶσιν αἰσχρόν, οὐκ εἰσὶ θεοί.
     Ei μὴ καθέξεις γλῶσσαν, ἔσται σοι κακά.

Anm. 1. Bisweilen iſt der Vorderſatz nur ein verkleideter Cauſalſatz:
     Ei δειν' ἔδρασας, δεινὰ καὶ παθεῖν σε δεῖ.
In dieſem Fall wird gern εἴπερ wenn anders ſtatt ει gebraucht.

Anm. 2. Die durch ει μὴ ἄρα (nisi forte, nisi vero) eingeführten
ironiſchen Bedingungsſätze ſtehen ſtets im Indicativ.

§ 106   1b) Ἐάν mit dem Conj. Präs. oder Aor. (s. § 102) setzt einen Fall, den der Redende als einen, der sich möglicherweise ereignen wird, ernstlich in's Auge faßt. Diese Form ist die herkömmliche in der Gesetzessprache.

Im Nachsatze finden sich alle Formen selbständiger Sätze, namentlich der Ind. Fut., der sog. Potentialis und der Imperativ.

    Ἔσομαι πλούσιος, ἢν θεὸς θέλῃ.
    Ἐὰν μὴ ἐκ προνοίας ἀποκτείνῃ τίς τινα, φευγέτω.

    Anm. Ueber das iterative ἐάν c. Conj. s. § 103.

§ 107   2) Εἰ mit dem Optativ läßt die Annahme als bloßes Product der Einbildungskraft erscheinen ohne anzudeuten, ob der Sprechende das Angenommene auch nur für möglich hält, und nimmt dem Ausdruck den Ton der Bestimmtheit, z. B. εἰ συμπέσοι ὁ οὐρανός.

Im Nachsatz steht meist der sog. Potentialis; soll aber die Folge den Ausdruck der Unbedingtheit erhalten, so wird der Indicativ gesetzt.

    Εἰ θησαυρῷ τις ἐντύχοι, πλουσιώτερος ἂν εἴη, οἰκονομικώτερος δὲ οὐδὲν ἄν.

    Anm. 1. Ueber das futurische εἰ c. opt. or. obl. s. § 102 Anm.

    Anm. 2. Ueber das iterative εἰ c. opt. s. § 103.

§ 108   3) Εἰ mit dem Ind. des Imperfects (Plusquamperf.) oder des Aoristes drückt aus, daß der Inhalt des Vordersatzes und darum auch des Nachsatzes nach dem Urteil des Redenden nicht wirklich ist oder gewesen ist.

Im Nachsatz steht der sog. Irrealis.

Der Gegens. der Wirklichkeit wird durch νῦν δέ (so aber) eingeführt:

    Εἰ εἶχον, ἐδίδουν ἄν si haberem, darem; νῦν δὲ οὐ δίδωμι.
    Εἰ ἔλαβον, ἔδωκα ἄν si accepissem, dedissem, νῦν δὲ οὐκ ἔδωκα
    Εἰ ἐγὼ ἐπεχείρησα πράττειν τὰ πολιτικά, πάλαι ἂν ἀπωλώλη.

    Anm. Das Imperfectum kann auch von der Vergangenheit stehen, wenn ein Zustand oder eine dauernde Handlung, der Aoristus von einer nicht vergangenen Handlung, wenn die Zeit derselben nicht bezeichnet werden soll:

    Εἰ εἶχον ἔδωκα ἄν si habuissem, dedissem, νῦν δὲ οὐκ ἔδωκα.
    Εἰ πάντες ἐβοηθοῦμεν ἀλλήλοις ἀεί,
    οὐδεὶς ἂν ὢν ἄνθρωπος ἐδεήθη τύχης.

§ 109   Die Negation ist in hypothetischen Vordersätzen μή.

    Anm. 1. Ueber οὔ φημι u. ähnl. s. § 156 Anm. 2.

    Anm. 2. Nach einer Negation hat εἰ μή wie nisi die Bedeutung von außer.

    Anm. 3. Εἰ δὲ μή ohne Verbum steht als erstarrte Formel im Sinn von widrigenfalls, sonst nach εἰ μέν, ἐὰν μέν, εἰ (ἐὰν) μὲν μή, sowie nach Verboten u. s. w.

§ 110   Aus hypothetischen Sätzen werden **Concessivsätze**, wenn καί oder οὐδ' unmittelbar vor oder καί unmittelbar hinter εἰ oder ἐάν tritt:

καὶ εἰ, καὶ ἐάν (κἄν), οὐδ᾽ εἰ (ἐάν) auch (nicht) oder selbst (nicht) wenn εἰ καί, ἐάν καί, εἰ (ἐάν) καὶ μή wenn auch (nicht) oder obgleich (nicht).

Γελᾷ [δ᾽] ὁ μῶρος, κἄν τι μὴ γελοῖον ᾖ.

In hypothetischen **Vergleichungssätzen** steht ὥσπερ ἄν εἰ § 111 mit dem Optativ oder mit dem Indicativ einer historischen Zeitform:

Ὥσπερ ἄν εἰ εἴποι. — Ὥσπερ ἄν εἰ τῷ ὄντι ξένος ἐτύγχανον ὤν.

b. Die Relativsätze.

1) Hat ein Relativsatz nur die Form eines Nebensatzes, aber die § 112 Geltung eines beigeordneten Hauptsatzes, so bewahrt er auch die Modus= formen und die entsprechende Negation (οὐ oder μή) selbständiger Sätze (s. §§ 85—93).

ἃ οἳ γενήσεται, ὃ οὐκ ἄν γένοιτο, ὃ οὐκ ἄν ἐγένετο, ὃ μὴ γένοιτο.

2) Die **causalen** Relativsätze bewahren die Modusformen selbstän= § 113 diger Aussagesätze (§§ 85—89) und die Negation οὐ (vgl. § 96):

Εὐδαίμων μοι Σωκράτης ἐφαίνετο, ὡς (statt ὅτι οὕτως) ἀδεῶς ἐτελεύτα.
Αἱ Ἀργεῖαι ἐμακάριζον τὴν μητέρα, οἵων (statt ὅτι τοιούτων) τέκνων ἔτυχε.
Θαυμαστὸν ποιεῖς, ὃς ἡμῖν οὐδὲν δίδως (ὅτι σύ).

3) Die **consecutiven** Relativsätze bewahren die Modusformen § 114 selbständiger Aussagesätze und die Negation οὐ:

Τίς οὕτως εὐήθης ἐστίν, ὃς οὐ βούλεται (βουλήσεται, ἄν βούλοιτο) σοὶ φίλος εἶναι;
Οὐκ ἔστιν οὐδὲν τῶν ἐν ἀνθρώποις, ὅ τι οὐκ ἐν χρόνῳ ζητοῦσιν ἐξευρίσκεται.
Οὐκ ἔστιν οὔτε ζωγράφος μὰ τοὺς θεοὺς οὔτ᾽ ἀνδριαντοποιός, ὅστις ἄν πλάσαι κάλλος τοιοῦτον οἷον ἀληθεῖ᾽ ἔχει.

In solchen Sätzen drückt der Ind. Fut. aus, was sich von dem Beziehungswort erwarten läßt oder ließe, und ist durch können zu über= setzen:

Παῖδές μοι οὔπω εἰσίν, οἵ με θεραπεύσουσιν.

Anm. 1. Merke hier folgende Wendungen welche niemals weder mit dem Conjunctiv noch mit dem Optativ ohne ἄν construirt werden:
εἰσίν, οἵ (mit einem Cas. obl. des Relativs im Plural auch ἔστιν z. B. ἔστιν ὧν) sunt qui.

οὐκ ἔστιν ὅστις,   οὐδείς ἐστιν ὅστις   nemo est qui,
οὐκ ἔστιν ὅστις οὐ, οὐδείς ἐστιν ὅστις οὐ nemo est quin,
οὐκ ἔστιν ὅπως   fieri non potest ut.
οὐκ ἔστιν ὅπως οὐ fieri non potest quin.
Οὐκ ἔσθ᾽ ὅπως οὐκ ἠναντιώθη ἄν μοι τὸ εἰωθὸς σημεῖον, εἰ μή τι ἔμελλον ἐγὼ ἀγαθὸν πράξειν.

Anm. 2. Ueber οὐδενὸς ὅτου οὐ u. s. w. s. § 19. Anm.

§ 115 4. Die **finalen** Relativsätze lassen nur den Indicativ des Futurs und die Negation μή zu (s. § 98 Anm. 1):

Ἔδοξε τῷ δήμῳ τριάκοντα ἄνδρας ἑλέσθαι, οἳ τοὺς πατρίους νόμους συγγράψουσιν, καθ᾽ οὓς πολιτεύσουσιν.

Ἡγεμόνα αἰτήσομεν Κῦρον, ὅστις ἡμᾶς ἀπάξει.

§ 116 5. Die **hypothetischen** Relativsätze, die sich durch Vertauschung des Relativs mit εἰ (ἐάν) in hypothetische Vordersätze verwandeln lassen, haben die Modusformen und die Negation μή der hypothetischen Vordersätze:

1) Relativ mit **Indicativ**:

Ἃ μὴ οἶδα, οὐδὲ οἴομαι εἰδέναι.

Ἀνὴρ δίκαιός ἐστιν οὐχ ὁ μὴ ἀδικῶν,
ἀλλ᾽ ὅστις ἀδικεῖν δυνάμενος μὴ βούλεται.

2) Relativ mit **unmittelbar folgendem** ἄν und dem **Conjunctiv** (s. §. 102):

a) **futurisch**:

Ὁποῖον ἄν συμβῇ τλήσομαι quicquid evenerit, feram.

b) **iterativ**:

Οὗ ἄν τις ἑαυτὸν τάξῃ ἢ ὑπ᾽ ἄρχοντος ταχθῇ, ἐνταῦθα δεῖ μένοντα κινδυνεύειν.

Νέος [δ᾽] ἀπόλλυτ᾽ ὅντιν᾽ ἄν φιλῇ θεός.

3) Relativ mit **Optativ**:

a) im Anschluß an den sog. **Potentialis** oder εἰ c. opt.:

Ὀκνοίην ἄν εἰς τὰ πλοῖα ἐμβαίνειν, ἅ ἡμῖν δοίη.

b) **iterativ** (s. § 103 b), in welchem Fall auch das **Imperfect** stehen kann:

Ἐπορευόμεθα διὰ ταύτης τῆς χώρας, ὅπου ἐβουλόμεθα, ἢν μὲν ἐθέλοιμεν, πορθοῦντες, ἢν δ᾽ ἐθέλοιμεν, κατακάοντες.

Anm. Vermöge einer Assimilation des Modus steht das Relativ mit dem Optativ auch im Anschluß an einen Optativ des Wunsches:

Ἔρδοι τις ἢν ἕκαστος εἰδείη τέχνην.

4) Relativ mit dem Ind. **einer histor. Zeitform** ohne ἄν im Anschluß an den sog. **Irrealis** oder εἰ mit dem Ind. einer **historischen Zeitform**:

Ξυνεγιγνώσκετε ἄν μοι, εἰ ἐν ἐκείνῃ τῇ φωνῇ τε καὶ τῷ τρόπῳ ἔλεγον ἐν οἷσπερ ἐτεθράμμην.

c. Die Temporalsätze

werden eingeführt durch

1) ὅτε, ὁπότε, ἡνίκα wann, als, ὡς wie, als, ἐπεί, ἐπειδή als, da, nachdem, ἐπεὶ τάχιστα sobald als,

2) ἕως ſo lange als und bis, ἔστε, μέχρι (οὖ) bis, πρίν ehe, bevor (bis),

3) ἐν ᾧ während, ἐξ oder ἀφ' οὖ ſeitdem.

Die Conſtruction der Temporalſätze iſt eine doppelte:

1) Enthält der Temporalſatz eine einmalige Tatſache der Ver=§ 117 gangenheit oder der Gegenwart, ſo ſteht der Indicativ und die Negation οὐ.

Anm. Ueber den Unterſchied von ἐπεὶ ἠσθένει Δαρεῖος (ſeitdem oder als D. krank war) und ἐπεὶ ἠσθένησε Δαρεῖος (nachdem er krank geworden war) ſ. § 72, 2.

2. Der Conjunctiv mit ἄν und der Optativ ohne ἄν § 118 und die Negation μή ſtehen in den §§ 102. 103 angegebenen Fällen, nämlich:

a) Der Conjunctiv mit der Partikel ἄν, welche ſich an die Zeit= partikel eng anſchlieſt (ἡνίκ' ἄν) oder mit derſelben verſchmilzt (ὅταν, ὑπόταν, ἐπάν (ἐπήν), ἐπειδάν), ſteht

1) futuriſch zur Bezeichnung einer zukünftigen oder von dem tätigen Subject des Hauptſatzes erwarteten Handlung:

Ἕωσπερ ἄν ἐμπνέω, οὐ παύσομαι φιλοσοφῶν (ſo lange als).
Ἕως ἄν ταῦτα διαπράξωνται, φυλακὴν κατέλιπε (bis).
Ἐπειδὰν σὺ βούλῃ διαλέγεσθαι ὡς ἐγὼ δύναμαι ἕπεσθαι, τότε σοι διαλέξομαι.

2) iterativ:

Μαινόμεθα πάντες ὁπόταν ὀργιζώμεθα.

Anm. 1. Ὡς ἄν findet ſich nie in temporaler Bedeutung, ſ. § 99 Anm.

b) Der Optativ ohne ἄν ſteht

1) iterativ, in welchem Fall bisweilen auch das Imperfect ſteht:

Ὅτε ἔξω τοῦ δεινοῦ γένοιντο καὶ ἐξείη πρὸς ἄλλους ἀπιέναι, πολλοὶ αὐτὸν ἀπέλειπον.

2) futuriſch in der or. obliqua ſtatt des Conj. mit ἄν; ſo namentlich auch bei ἕως (bis) und bei πρίν, wenn im Hauptſatz ein hiſtoriſches Tempus ſteht. Siehe jedoch § 119, 2.

Anhang über die Partikel πρίν.

1. Πρίν wird mit dem Indicativ nur verbunden: § 119

1) bei negativem Hauptſatz:

Οἱ πολέμιοι οὐ πρόσθεν ἐξέγειρον πρὸς ἡμᾶς τὸν πόλεμον, πρὶν τοὺς στρατηγοὺς ἡμῶν συνέλαβον.

2) ſeltener bei affirmativem Hauptſatz in der Bedeutung bis:

Οἱ Λακεδαιμόνιοι ἡσύχαζον, πρὶν δὴ ἡ δύναμις τῶν Ἀθηναίων σαφῶς ἤρετο.

Sonſt muß bei affirmativem Hauptſatz der Infinitiv eintreten.

2. Πρίν kann mit dem Conjunctiv mit ἄν und dem Optativ ohne ἄν nur bei negativem Hauptsatz verbunden werden; bei affirmativem Hauptsatz tritt der Infinitiv ein:

Αἰσχρὸν πρότερον παύσασθαι, πρὶν ἄν — ψηφίσησθε.

Τίς ἄν δίκην κρίνειεν ἢ δοίη λόγον,
πρὶν ἄν παρ' ἀμφοῖν μῦθον ἐκμάθῃ σαφῶς;
Μένων πρὶν δῆλον εἶναι, τί ποιήσουσιν οἱ ἄλλοι στρατιῶται,
συνέλεγε τὸ ἑαυτοῦ στράτευμα.

3. Πρίν kann mit dem Infinitiv in allen Fällen verbunden werden.

Τῶν ἐπισταμένων νῦν, πρὶν μαθεῖν, οὐδεὶς ἠπίστατο.

Der Infinitiv.

Vorbemerkungen.

§ 120   1. Der Infinitiv ist die substantivische Form des Verbums, bewahrt aber seine verbale Natur in folgenden Punkten:

1) Der Inf. läßt den Unterschied der Tempora und der Genera des Verbums erkennen,

2) Der Inf. kann mit ἄν verbunden werden im Sinne des sog. Potentialis und des sog. Irrealis, s. §. 125, 2. 3.

3) Der Inf. regiert nicht den Gen. obiectivus, sondern denselben Casus wie die anderen Formen des Verbums:

τὸ τοῖς νόμοις πείθεσθαι.

4) Der Inf. wird nicht durch Adjectiva, sondern durch Adverbia näher bestimmt:

τὸ πρὸ τῆς πατρίδος καλῶς ἀποθνήσκειν.

5) Der Inf. nimmt sein Subject nicht im Gen. subjectivus zu sich.

§ 121   2. Über das Subject des Infinitivs und die auf das Subject bezüglichen prädicativen Bestimmungen merke zunächst:

1) Wenn der Inf. ein anderes Subject hat als der Hauptsatz, so steht dasselbe mit den prädicativen Bestimmungen im Accusativ.

2) Wenn der Infinitiv dasselbe Subject hat wie der Hauptsatz, so wird es bei dem Infinitiv weggelassen, und die prädicativen Bestimmungen stehen in dem Casus des Subjectes im Hauptsatze:

Ὁ Κῦρος διὰ τὸ φιλομαθὴς εἶναι πολλὰ τοὺς παρόντας ἀνηρώτα.
Ἐκ τοῦ πρότερος λέγειν ὁ διώκων ἰσχύει.

3) Wenn das Subject des Infinitivs das allgemeine (τινὰ man) ist, so wird es weggelassen und die prädicativen Bestimmungen treten in den Accusativ:

Δεῖ ἐπιμελεῖσθαι τοῦ ἀγαθὸν ἄνδρα γίγνεσθαι.
Πρέπει κόσμιον εἶναι.

Anm. Auch wenn das Subject des Infinitivs in einem andern Casus als dem Nominativ im Hauptsatz vorkommt, wird es bisweilen bei dem Infinitiv weggelassen und die prädicativen Bestimmungen in den gleichen Casus gesetzt:

$$K \acute{v} \varrho o v \; \mathring{e} \delta \acute{e} o v \tau o \; \mathring{\omega} \varsigma \; \pi \varrho o \vartheta v \mu o \tau \acute{a} \tau o v \; \gamma \varepsilon v \acute{e} \sigma \vartheta \alpha \iota.$$

3. Der Infinitiv wird durch $\mu \acute{\eta}$ negirt, $o \mathring{v}$ ist nur bei dem § 122 von verbis sentiendi und declarandi abhängigen Infinitiv möglich, s. § 125.

A. Der Infinitiv mit dem Artifel.

Der Infinitiv zeigt seine substantivische Natur am deutlichsten in § 123 Verbindung mit dem Artifel, durch dessen Flexion alle Casusbeziehungen ausgedrückt werden können. Bei der Übersetzung in das Deutsche sind oft Nebensätze zu bilden, welche meist durch daß eingeleitet werden:

$$\Theta \alpha v \mu \alpha \sigma \tau \grave{o} v \; \varkappa \alpha \grave{\iota} \; \tau \grave{o} \; \pi \varepsilon \iota \sigma \vartheta \tilde{\eta} v \alpha \iota \; \tau \iota v \alpha \varsigma, \; \mathring{\omega} \varsigma \; \Sigma \omega \varkappa \varrho \acute{a} \tau \eta \varsigma \; \tau o \grave{v} \varsigma \; v \acute{e} o v \varsigma$$
$$\delta \iota \acute{e} \varphi \vartheta \varepsilon \iota \varrho \varepsilon v \; (\text{auch dies, die Tatsache, daß —}), \; \mathring{e} \varkappa \; \tau o \tilde{v} \; \text{daraus, daß,}$$
$$\delta \iota \grave{a} \; \tau \acute{o} \; \text{deshalb, weil,} \; \mathring{a} v \tau \grave{\iota} \; \tau o \tilde{v} \; \text{anstatt, daß,} \; \tau o \tilde{v} \mathop{\underline{\;}} \mathring{e} \pi \alpha \iota v \varepsilon \tilde{\iota} \sigma \vartheta \alpha \iota \; \mathring{e} v \varepsilon \varkappa \alpha$$
um gelobt zu werden.

Anm. Auch ohne $\mathring{e} v \varepsilon \varkappa \alpha$ drückt der Genitiv des Infinitivs bisweilen den Zweck aus, namentlich, wenn er negirt ist:

$$T \grave{a} \varsigma \; \alpha \mathring{\iota} \tau \acute{\iota} \alpha \varsigma \; \pi \varrho o \acute{v} \gamma \varrho \alpha \psi \alpha \; \tau o \tilde{v} \; \mu \acute{\eta} \; \tau \iota v \alpha \; \zeta \eta \tau \tilde{\eta} \sigma \alpha \iota.$$

B. Der Infinitiv ohne Artifel.

1. Der Infinitiv ohne Artifel als Subject.   § 124

Der Infinitiv ohne Artifel steht als Subject

a) bei den unpersönlichen Verben $\chi \varrho \acute{\eta}$, $\delta \varepsilon \tilde{\iota}$, $\mathring{e} \xi \varepsilon \sigma \tau \iota$, ($\pi \acute{a} \varrho \varepsilon \sigma \tau \iota$, $\mathring{e} \sigma \tau \iota v$), $\pi \varrho \acute{e} \pi \varepsilon \iota$, $\pi \varrho o \sigma \acute{\eta} \varkappa \varepsilon \iota$ und den sinnverwandten adjectivischen und substantivischen Ausdrücken $\delta \acute{\iota} \varkappa \alpha \iota \acute{o} v$, $\mathring{a} v \alpha \gamma \varkappa \alpha \tilde{\iota} \acute{o} v$ ($\mathring{a} v \acute{a} \gamma \varkappa \eta$), $\mathring{\omega} \varrho \alpha$, $\varkappa \alpha \iota \varrho \acute{o} \varsigma \; \mathring{e} \sigma \tau \iota v$ u. s. w.:

$$O \mathring{v} \; \beta o v \lambda \varepsilon \acute{v} \varepsilon \sigma \vartheta \alpha \iota \; \mathring{e} \tau \iota \; \mathring{\omega} \varrho \alpha, \; \mathring{a} \lambda \lambda \grave{a} \; \beta \varepsilon \beta o v \lambda \varepsilon \tilde{v} \sigma \vartheta \alpha \iota.$$
$$O \mathring{\iota} \varkappa o \iota \; \mu \acute{e} v \varepsilon \iota v \; \delta \varepsilon \tilde{\iota} \; \tau \grave{o} v \; \varkappa \alpha \lambda \tilde{\omega} \varsigma \; \varepsilon \mathring{v} \delta \alpha \acute{\iota} \mu o v \alpha.$$

b) Bei $o \mathring{\iota} \acute{o} v \; \tau' \; \mathring{e} \sigma \tau \iota v$ und $\delta v v \alpha \tau \acute{o} v \; \mathring{e} \sigma \tau \iota v$ fieri potest und $\sigma v \mu \beta \alpha \acute{\iota} v \varepsilon \iota$ contingit, accidit ut:

$$\Sigma v v \acute{e} \beta \eta \; \mu o \iota \; \pi o \varrho \varepsilon \acute{v} \varepsilon \sigma \vartheta \alpha \iota \; \text{es traf sich, daß ich verreiste.}$$

Das Subject des Infinitivs steht bei $\delta \varepsilon \tilde{\iota}$ und $\chi \varrho \acute{\eta}$ stets im Accusativ, sonst entweder im Accusativ oder im Dativ:

$$\Delta \varepsilon \tilde{\iota} \; (\chi \varrho \acute{\eta}) \; \pi \acute{a} v \tau \alpha \varsigma \; \lambda \acute{e} \gamma \varepsilon \iota v, \; \text{aber}$$
$$\mathring{E} \xi \varepsilon \sigma \tau \iota \; \pi \acute{a} v \tau \alpha \varsigma \; \lambda \acute{e} \gamma \varepsilon \iota v \; \text{oder} \; \mathring{e}. \; \pi \tilde{a} \sigma \iota \; \lambda \acute{e} \gamma \varepsilon \iota v.$$

Die prädicativen Bestimmungen stehen im Accusativ, wenn aber das Subject im Dativ steht, entweder gleichfalls im Dativ oder im Accusativ:

$$\mathring{E} \xi \varepsilon \sigma \tau \iota v \; \mathring{v} \mu \tilde{\iota} v \; \varepsilon \mathring{v} \delta \alpha \acute{\iota} \mu o \sigma \iota \; \gamma \varepsilon v \acute{e} \sigma \vartheta \alpha \iota. \; \Pi \alpha v \tau \grave{\iota} \; \pi \varrho o \sigma \acute{\eta} \varkappa \varepsilon \iota \; \mathring{a} \varrho \chi o v \tau \iota$$
$$\varphi \varrho o v \acute{\iota} \mu \omega \; \varepsilon \mathring{\iota} v \alpha \iota. \; \mathring{E} \xi \varepsilon \sigma \tau \iota v \; \mathring{v} \mu \tilde{\iota} v \; \varepsilon \mathring{\iota} \; \beta o \acute{v} \lambda \varepsilon \sigma \vartheta \varepsilon \; \lambda \alpha \beta \acute{o} v \tau \alpha \varsigma \; \tau \grave{a} \; \mathring{o} \pi \lambda \alpha$$
$$\varepsilon \mathring{\iota} \varsigma \; \tau \grave{o} v \; \alpha \mathring{v} \tau \grave{o} v \; \mathring{\eta} \mu \tilde{\iota} v \; \varkappa \acute{\iota} v \delta v v o v \; \mathring{e} \mu \beta \alpha \acute{\iota} v \varepsilon \iota v.$$

Anm. 1. Die adjectivischen Ausdrücke werden nicht selten persönlich construirt:

$\mathcal{\Delta}$ίκαιός είμι τοῦτο πάσχειν es ist billig, daß ich —.

Anm. 2. Die persönliche Construction ist Regel bei δοκῶ (es scheint, daß ich) und ὀλίγου (μικροῦ), πολλοῦ, τοσούτου δέω (es fehlt wenig u. s. w., daß ich) z. B. ὑπὲρ ἐμαυτοῦ ἀπολογεῖσθαι, vgl. §. 97 Anm. 1. — Statt δεῖ με τοῦτο ποιεῖν findet sich auch δέομαι τοῦτο ποιεῖν (habe nötig zu tun.)

2. Der Infinitiv ohne Artikel als Object

steht

§ 125   a) bei Verbis sentiendi und declarandi im Sinn von **Aussage-sätzen**, und zwar:

1) der Infinitiv aller Tempora ohne ἄν in der Bedeutung derselben Tempora, s. § 80.

2) der Infinitiv Präs. oder Aor. mit ἄν in der Bedeutung des sog. Potentialis für Gegenwart und Zukunft, namentlich nach den Verben des Meinens, s. § 120, 2.

Οἱ Πέρσαι οἴονται τοὺς ἀχαρίστους καὶ περὶ θεοὺς ἄν ἀμελῶς ἔχειν.

3) der Inf. Präs. oder Aor. mit ἄν in der Bedeutung des sog. Irrealis, s. § 120, 2.

Ἆρ᾽ ἄν με οἴεσθε τοσάδε ἔτη διαγενέσθαι, εἰ ἔπραττον τὰ δημόσια;

Die Negation ist meist οὐ, namentlich nach λέγειν und φάναι sowie nach den Verben, die meinen bedeuten. Wenn aber das regierende Verbum selbst in einer Form (Imperativ) oder Construction (εἰ u. s. w.) steht, die μή verlangt, so kann auch der Infinitiv nur durch μή verneint werden:

Νόμιζε μηδὲν εἶναι τῶν ἀνθρωπίνων βέβαιον.

Εἴ τις νομίζει τι μὴ ἱκανῶς εἰρῆσθαι, ἀναστὰς ὑπομνησάτω.

Anm. 1. Bei den Verben ἐλπίζειν hoffen, προσδοκᾶν erwarten, ὑπισχνεῖσθαι und ἐπαγγέλλεσθαι versprechen, sowie bei ὀμνύναι schwören, wenn der Schwur sich auf die Zukunft bezieht, steht der Inf. Fut. oder der Inf. Präs. oder Aor. mit ἄν. Verneint wird der Infinitiv in diesem Fall durch μή, bei ὀμνύναι auch dann, wenn der Schwur sich auf die Vergangenheit bezieht.

Anm. 2. Rücksichtlich des Subjects und der prädicativen Bestimmungen gelten die Regeln §. 121:

Οἱ στρατιῶται οὐκ ἔφασαν ἰέναι τοῦ πρόσω negabant se porro ituros.

Νομίζω οὐδὲν χείρων εἶναι τῶν ἄλλων.

Ἀλέξανδρος ἔφασκε Διὸς εἶναι υἱός.

Soll das gemeinsame Subject beim Infinitiv betont werden, so steht es bei der 1. und 2. Person im Nominativ oder Accusativ, bei der 3. Person stets im Nominativ (αὐτός, αὐτή u. s. w.)

Anm. 3. Nach den Verbis declarandi kann auch ὅτι und ὡς folgen, s. §. 94. Ueber das Particip nach solchen Verben s. §§ 146—152.

Weiter steht der Infinitiv ohne Artikel als Object

b) bei Verben, die einen **Willen**, daß etwas geschehe oder nicht § 126
geschehe, oder eine entsprechende Handlungsweise bezeichnen, und zwar
der Infinitiv Präsentis oder Aoristi ohne ἄν.

Der Infinitiv steht dann in dem Sinn von Sätzen der §§ 91 ff.
bezeichneten Art und wird wie diese nur durch μή verneint (§ 84):
Μὴ θορυβεῖτε und ἐδεῖθην ὑμῶν μὴ θορυβεῖν.

Solche Verba sind (vgl. §. 150, 2.):

α) **wollen** βούλεσθαι, **begehren** ἐπιθυμεῖν,
sich scheuen, fürchten, vermeiden etwas zu tun αἰδεῖσθαι, φεύγειν,
ἀπέχεσθαι, **sich hüten** etwas zu tun εὐλαβεῖσθαι, φυλάττεσθαι.

β) **bitten** δεῖσθαί τινος, αἰτεῖν τινα, **fordern** ἀξιοῦν, **antreiben**
προτρέπειν, **überreden** πείθειν, **befehlen** προστάττειν τινί, κελεύειν τινά,
verbieten ἀπαγορεύειν (Aor. ἀπειπεῖν u. s. w., s. Fr. § 97 A. 3.)
τινί, ἀντιλέγειν τινί.

γ) **bewirken** ποιεῖν, διαπράττεσθαι (vgl. § 98 b α).
Οὐχ αἱ τρίχες ποιοῦσιν αἱ λευκαὶ φρονεῖν.
zulassen ἐᾶν, **gestatten** διδόναι τινί, παρέχειν τινί, ἐπιτρέπειν
τινί,
hindern κωλύειν τινά.

δ) **alle Verba declarandi**, sofern sie einen **Willen** äußern:
Εἶπε (ἐβόησε) τοὺς στρατιώτας περιμένειν ἑαυτόν (sie sollten auf
ihn warten).

Anm. 1. Nach den negativen Verben **sich scheuen, verbieten** u. a.
steht häufig μή, und wenn diese Verba in einem negativen Satze stehen, μὴ
οὐ beim Infinitiv (s. §. 157 β):
Οἱ ἰατροὶ ἀπαγορεύουσι τοῖς ἀσθενοῦσι μὴ χρῆσθαι ἐλαίῳ.
Τί ἐμποδών, μὴ οὐχὶ ὑβριζομένους ἀποθανεῖν;

Anm. 2. Im Sinne von **persuadere** mit Acc. c. Inf. steht gewöhnlich
πείθειν ὡς c. Ind.

Endlich steht der Infinitiv

c) bei Verben, die **können, verstehen, befähigt sein** bedeuten: § 127
δύνασθαι, ἐπίστασθαι, εἰδέναι, πεφυκέναι (von Natur befähigt
sein) und so auch ἔχειν in der Bedeutung **können**.
Ὁρᾷς ὅτι σιγᾷς καὶ οὐκ ἔχεις εἰπεῖν.

3. Der Infinitiv des Zweckes   § 128

steht in der attischen Prosa nur bei folgenden Verben:

1) **geben, nehmen, überlassen** διδόναι, λαμβάνειν, ἐπιτρέπειν, παρέχειν, z. B. δίδωμι παῖδα ἐκθεῖναι, ἐπιτρέπω πόλιν
διαρπάζειν, παρέχω ἐμαυτὸν τέμνειν τῷ ἰατρῷ (lat. Part. Fut. Pass.),

2) **wählen, bestimmen**, z. B. ὁ ἄρχειν αἱρεθείς, ὁ κυβερ-
νᾶν κατασταθείς, (lat. ad c. Gerundio):

§ 129   4. Der Infinitiv der näheren Bestimmung

steht

a) bei den Adjectiven, die eine Geschicklichkeit, Befähigung oder Tauglichkeit bezeichnen, wie ἱκανός, ἐπιτήδειος, δυνατός, οἷός τε, δεινός, z. B. λέγειν ein tüchtiger Redner,

b) bei den Begriffen leicht, angenehm, gut, schön, würdig und ihren Gegenteilen.

Anm. 1. Vorherrschend ist bei diesen Adjectiven der active Infinitiv, z. B. ἀνὴρ καλὸς (αἰσχρὸς) ὁρᾶν, ποταμὸς ῥᾴδιος (χαλεπὸς) διαβαίνειν.

Anm. 2. Über οἷος und ὅσος c. inf. s. § 98 Anm. 2.

§ 130   5. Der absolute Infinitiv.

Absolut steht der Infinitiv in einzelnen Redensarten, die zum Teil auch durch ὡς = ὥστε (so daß oder um zu) eingeführt werden:

a) ὀλίγου (μικροῦ) δεῖν beinahe, (ὡς) ἐμοὶ δοκεῖν nach meiner Meinung,

b) (ὡς) ἔπος εἰπεῖν so zu sagen, fast möchte ich sagen, (ὡς) συνελόντι εἰπεῖν um es kurz zu sagen,

c) εἶναι in ἑκὼν εἶναι freiwillig und mit dem Artikel in τὸ κατὰ τοῦτον εἶναι was diesen betrifft, τὸ ἐπ᾽ ἐμοὶ εἶναι so viel an mir liegt, τὸ νῦν εἶναι für jetzt.

Das Participium.

§ 131   Vorbemerkungen.

1. Das Participium ist die adjectivische Form des Verbums, bewahrt aber seine Verbalnatur in denselben Punkten wie der Infinitiv, s. §. 120. Insbesondere kann ἄν mit dem Participium Präsentis und Aoristi verbunden werden, im Sinne des sog. Potentialis oder des sog. Irrealis.

2. Die Negation bei dem Participium ist immer μή, wenn es einem Satz angehört, der selbst durch μή verneint ist oder nur durch μή verneint werden könnte. Vgl. §. 125, 3.

A. Das Participium mit dem Artikel

vertritt die Stelle eines Relativsatzes.

§ 132   1. Dient das Participium dazu den Begriff eines Substantivs näher zu bestimmen, so hat es attributive Stellung (s. § 6):

Σκηπίων ὁ τὸν Ἀννίβαν νικήσας.

Die Negation ist μή, wenn das Participium für einen hypothetischen Relativsatz steht, sonst οὐ:

Ὁ μὴ δαρεὶς ἄνθρωπος οὐ παιδεύεται.

Τοὺς στρατηγοὺς τ ο ὺ ς ο ὐ κ ἀ ν ε λ ο μ έ ν ο υ ς τοὺς ἐκ τῆς ναυμα-χίας ἐβούλεσθε ἀθρόους κρίνειν.

Anm. Dem beutſchen ſogenannt entſpricht ὁ κ α λ ο ύ μ ε ν ο ς, ὁ λ ε-γ ό μ ε ν ο ς, ὁ ὀ ν ο μ α ζ ό μ ε ν ο ς:

Ἡ Μίδου κ α λ ο υ μ έ ν η κρήνη bie ſogenannte Mibaᵟquelle.
Τὸ Δέλτα καλούμενον baᵟ ſogenannte Delta.

2. Enthält baᵟ Participium mit bem Artifel ſelbſt einen Sub- § 133 ſtantiᵇbegriff, ſo bezeichnet eᵟ,

a) Inbiᵇibuen in beſtimmten Fällen:

ὁ λ έ γ ω ν ber Rebner in ber gegenwärtigen Sache, ὁ δ ι ώ κ ω ν, ber Kläger, ὁ φ ε ύ γ ω ν ber Angeflagte, ο ἱ γ ρ α ψ ά μ ε ν ο ι τὸν Σωκρά-την, biejenigen, welche ben Sofrateᵟ angeflagt haben, bie Anfläger beᵟ Sofrateᵟ.

Die Negation iſt in bieſem Fall ο ὐ:

Οἶδα ἤδη ἀνθρώπους, οἳ ἐποίησαν ἀνήκεστα κακὰ τοὺς ο ὔ τ ε μέλλοντας ο ὔ τ ε βουλομένους τοιοῦτον οὐδέν.

b) eine Gattung zum Unterſchieb ᵇon anbern Gattungen, im Sinn eineᵟ h y p o t h e t i ſ ch e n Relatiᵇſatzeᵟ:

ὁ λ έ γ ω ν, ein Rebner, ο ἱ π ο λ ι τ ε υ ό μ ε ν ο ι Staatᵟmänner, ὁ βουλό-μενος jeber ber Luſt hat, ὁ τυχών jeber zufällige, ber erſte Beſte.
Ὁ ἀδικηθεὶς ῥαδίως βοήθειαν εὑρίσκεται ein Gefränfter finbet leicht Hülſe.

Die Negation iſt hier μ ή:

Τῶν στρατιωτῶν ο ἱ μ ὴ δ υ ν ά μ ε ν ο ι διατελέσαι ἐνυκτέρευσαν (εἴ τινες μὴ ἐδύναντο).

Anm. 1. Daᵟ Participium mit bem Artifel hat ᵇor bem entſprechen-ben concreten Verbalſubſtantiᵇ bie Unterſcheibung ber Tempora ᵇorauᵟ. So heißt ber Retter beᵟ Vaterlanbeᵟ ὁ τὴν πατρίδα σῴζων ober σώσας ober σώσων.

Anm. 2. Daᵟ Participium mit bem Artifel ſteht auch im Sinne eineᵟ c o n ſ e c u t i ᵇ e n Relatiᵇſatzeᵟ, ſ. §. 114:

εἰσὶν ο ἱ ο ἰ ό μ ε ν ο ι sunt qui putent. — Ο ὐ κ ἔστιν ὁ τ ο λ μ ή-σ ω ν περὶ σπονδῶν λέγειν eᵟ iſt feiner, ᵇon bem man erwarten fönnte, baß er — non erit qui audeat. — Ἐνῆσαν ἐν τῇ χώρᾳ ο ἱ ἐ ρ γ α σ ό μ ε ν ο ι inerant qui eam colerent.

unb im Sinn eineᵟ f i n a l e n Relatiᵇſatzeᵟ:

Μέλλουσιν ο ἱ Ἀθηναῖοι α ἱ ρ ε ῖ σ θ α ι τ ὸ ν ἐ ρ ο ῦ ν τ α deligere qui dicat.

Anm. 3. Der g e n e r e l l e Artifel wirb bei bem Participium biᵟweilen weggelaſſen:

Τίς ἂν πόλις ὑπὸ μ ὴ πειθομένων ἁλοίη;

B. Daᵟ Participium ohne Artifel

ſteht

1. alᵟ Vertreter eineᵟ c o n j u n c t i o n a l e n Nebenſatzeᵟ in tem- § 134 p o r a l e n, c a u ſ a l e n, f i n a l e n, h y p o t h e t i ſ ch e n unb con-ceſſiᵇen Sätzen; mit Auᵟnahme ber c o n c e ſ ſ i ᵇ e n Participialſätze,

in denen *οὐ* steht, ist die Negation bei dem Participium dieselbe wie in den entsprechenden conjunctionalen Nebensätzen:

$$Οὐκ\ ἂν\ δύναιο\ μὴ\ καμὼν\ εὐδαιμονεῖν.$$

Anm. In finalem Sinn steht das **Participium Futuri** bei den **Verben der Bewegung**. Indeß kann bei *πέμπειν* auch das **Participium Präsentis** eintreten zur Bezeichnung des **Auftrags**.

§ 135   1) Es giebt im Griechischen wie im Lateinischen eine **appositive** (**Participium conjunctum**) und eine **absolute Participialcon=struction**. Der Casus der absoluten Participialconstruction ist der **Genitiv**, in wenigen Fällen (s. § 137) der **Accusativ**.

Anm. 1. Da der Grieche vor dem Lateiner ein actives Participium der vorausgehenden Handlung (§§ 81. 82) voraus hat, so kann er häufig ein **appositives Participium (Aoristi)** setzen, wo der Lateiner die absolute Participialconstruction anwendet:

Κῦρος συλλέξας στράτευμα Μίλητον ἐπολιόρκει (collecto exercitu).

Auf **Abwechselung** in der Construction **auf einander** folgender Neben=handlungen in der historischen Periode ist der Grieche nicht bedacht:

Κῦρος ὑπολαβὼν τοὺς φεύγοντας συλλέξας στράτευμα Μίλητον ἐπολιόρκει Cyrus postquam perfugas excepit collecto ex-ercitu Miletum oppugnare coepit.

Anm. 2. Der **Gen. absolutus** steht häufig **ohne sein Subject**, wenn es aus dem Zusammenhang leicht zu ergänzen ist.

Θᾶττον προϊόντων (sc. *αὐτῶν*, **man**) *σὺν κραυγῇ δρόμος ἐγένετο.*

Bei *οὕτως ἐχόντων* da es sich so verhält ist *τῶν πραγμάτων* zu ergänzen.

Anm. 3. Bei *ἀγγελθέντων* oder *ἀγγελθέντος* und ähnlichen Participien vertritt der folgende Aussagesatz die Stelle des Subjectsgenitivs.

Anm. 4. Das Participium *ὤν* darf weder in der appositiven noch in der absoluten Participialconstruction neben einem **Prädicatsnomen** weggelassen werden. Ausgenommen sind nur *ἑκών* und *ἄκων*, z. B. *ἐμοῦ ἄκοντος* **me invito** (vgl. § 9 e.). Oft ist *ὤν* neben einem Prädicatssubstantiv durch **als** zu übersetzen, z. B. *στρατηγὸς ὤν* **als Feldherr**.

Anm. 5. Folgende appositiven Participia sind **formelhaft** geworden:

a. *ἄγων, ἔχων, φέρων, λαβών* = mit.
   Πρόξενον ἐκέλεισε λαβόντα ὅτι πλείστους παραγενέσθαι.
   Ἔπεμψά τινα φέροντα ἐπιστολήν.

b. *ἀρχόμενος* anfangs, *τελευτῶν* zuletzt, z. B. *ὅπερ ἀρχόμενος ἔλεγον, τελευτῶν ἐχαλέπαινε.*

c. *τί παθών*; z. B. *τί παθὼν κλάεις*; was ficht dich an, daß du weinst?

§ 136   2) Zur **Verdeutlichung** des **Verhältnisses** zwischen dem **Hauptsatz** und dem **Participium** werden gewisse **Partikeln vor** oder **hinter** dasselbe gestellt:

a) **temporale**:

ἅμα zugleich: *ἅμα πορευόμενος*
μεταξύ mitten in: *μεταξὺ λέγων* oder *λέγοντος αὐτοῦ* mitten in seiner Rede.

αὐτίκα, εὐϑύς sogleich nach: σπείσας εὐϑύς ober εὐϑὺς σπείσας gleich nach bem Trankopfer, ferner εὐϑὺς παῖδες ὄντες gleich
wenn sie noch Kinder sinb, schon als Kinder.

Ἅπαντι δαίμων ἀνδρὶ συμπαρίσταται
εὐϑὺς γενομένῳ μυσταγωγὸς τοῦ βίου.

Zur Einführung des Hauptsatzes bient τότε, εἶτα, ἔπειτα sowie
οὕτως, ben Inhalt bes Participialsatzes wieber aufnehmenb.

b) causale:

ἄτε, οἷον, οἷα δή (quoniam) zur Einführung eines tatsächlichen
(objectiven) Grunbes,
ὡς,wenn ein Grunb aus bem Sinn ober ben Aeußerungen bes tätigen
Subjectes angeführt werben soll: weil, wie er meinte, sagte,
vorgab (angeblich, weil):

Οὐ πείσεσϑέ μοι ὡς εἰρωνευομένῳ.

Anm. Ὡς (unb ὥσπερ) bezeichnet ben Inhalt bes Participialsatzes
nicht nur als Meinung ober Erwartung bes tätigen Subjectes (in ber Meinung, Überzeugung, baß, z. B. Σωκράτης ηὔχετο πρὸς τοὺς ϑεοὺς
ἁπλῶς τἀγαϑὰ διδόναι, ὡς μάλιστα εἰδότας ὁποῖα ἀγαϑά ἐστι, mit
bem Part. Fut. in ber Erwartung, baß), sonbern auch als einen, ber an
sich nicht wirklich ist, aber als wirklich angenommen werben müßte, wenn
ber Inhalt bes Hauptsatzes vernunftgemäß sein sollte (wie wenn, als
ob), z. B. Δεδίασι τὸν ϑάνατον ὡς εὖ εἰδότες ὅτι μέγιστον τῶν κα-
κῶν ἐστι.

c) finale:

ὡς mit bem finalen Part. Fut. (§ 134 Anm.), vgl. b Anm.

Ἀρταξέρξης συλλαμβάνει Κῦρον ὡς ἀποκτενῶν.
So auch bei παρασκευάζεσϑαι, z. B. ὡς ναυμαχήσοντες
παρεσκευάζοντο (ὡς εἰς ναυμαχίαν).

d) concessive:

καίπερ obgleich, unb, gleichfalls bem Participium vorangestellt, § 137
ὅμως unb ὅμως καί.

3) Statt bes Genitivus absolutus steht ber Accusativus absolutus

a) bei unpersönlichen Ausbrücken:

ἐξόν, παρόν, wenn, ba ober obgleich es erlaubt ist ober war
anstatt.
δέον, προσῆκον, cum necesse sit, oporteat ober necesse esset,
oporteret, anstatt.
δόξαν ba beschlossen war, δεδογμένον ba beschlossen ist u. a.
ferner:
δυνατὸν (ἀδύνατον), δίκαιον ὄν u. a.

Anm. Neben δοξάντων τούτων finbet sich auch δόξαντα ταῦτα.

b) in Verbinbung mit ὡς unb ὥσπερ zur Bezeichnung ber Meinung
bes tätigen Subjectes im Hauptsatze, vgl. § 136 Anm.

Οἱ πατέρες τοὺς υἱεῖς ἀπὸ τῶν πονηρῶν ἀνθρώπων εἴργουσιν,
ὡς τὴν ὁμιλίαν ἐκείνων κατάλυσιν οὖσαν τῆς ἀρετῆς.

Das Participium ohne Artikel steht

2. als prädicative Bestimmung

a) in Beziehung auf bas Subject:

§ 138   1. bei εἶναι zu nachdrucksvoller Umschreibung des Verbalbegriffs:

Ἐγώ εἰμι τοῦτο δεδρακώς. — Ἦν αὕτη ἡ στρατηγία οὐδὲν ἄλλο δυναμένη.

Anm. 1. In Prosa ist die feierliche Umschreibung eines Präteritums durch ἔχειν mit dem Part. Aor. nicht üblich, dagegen wird diese Verbindung in dem Sinn des lat. Part. Perf. Pass. mit habere oder tenere gebraucht:

Ἔχω τὰ χρήματα ἡρπακώς oder ἁρπάσας. Τὰς μὲν τῶν τάξεων εἶχεν ὄπισθεν καταστήσας. Τὴν χώραν δουλωσάμενοι εἶχον (subactam habebant oder tenebant).

Πολλῷ [δὲ] κρεῖττόν ἐστιν ἐμφανὴς φίλος ἢ πλοῦτος ἀφανής, ὃν σὺ κατορύξας ἔχεις.

2. bei οἴχεσθαι, wenn die Bewegung von einem Orte weg oder fort betont werden soll:

ᾤχετο ἀπιών, πλέων, ἐλαύνων, ἀποδράς.

3. bei folgenden Verben, welche eine adverbiale Bestimmung des im Participium liegenden Verbalbegriffs enthalten und daher auch im Deutschen gewöhnlich durch Adverbia übersetzt werden, während die Participia sich in verba finita verwandeln:

§ 139   a) τυγχάνειν zufällig, gerade, eben, es trifft sich zufällig, daß:

Κλέαρχος ἐτύγχανε τότε τὰς τάξεις ἐπισκοπῶν.

Anm. Bisweilen schwächt sich der Begriff von τυγχάνειν so ab, daß es sich nicht gut übersetzen läßt; immer aber erscheint dann doch die Handlung des Particips von einem bewußten Willen unabhängig.

§ 140   b) διαγίγνεσθαι, διατελεῖν, διάγειν immer, fort und fort, beständig, weiter:

Οἱ Ἕλληνες διετέλουν χρώμενοι τοῖς τῶν πολεμίων τόξοις. Κρέα ἐσθίοντες οἱ στρατιῶται διεγίγνοντο.

Anm. Bei diesen Verben steht stets das Participium Präsentis.

§ 141   c) λανθάνειν heimlich, unbemerkt, es bleibt unbemerkt, daß (mit dem Acc. der Person s. § 22 d.)

Βουλοίμην ἂν λαθεῖν Κῦρον ἀπελθών. Λέληθα ἐμαυτὸν φίλτρον τι εἰδώς ohne es selbst zu wissen, kenne ich.

Anm. 1. Mit dem Aorist von λανθάνειν (und von φθάνειν (s. § 142 Anm. 1.) wird das Part. Aor. verbunden (s. § 62): λάθε βιώσας. Das Part. Präs. steht nur zur Bezeichnung der Dauer einer Handlung oder eines Zustandes: ἔλαθεν ἀπὼν ἐν τῇ Θετταλίᾳ.

φαίνεσθαι offenbar, es zeigt sich, daß —

Κλέαρχος ἐπιορκῶν ἐφάνη.
Ἡ ψυχὴ φαίνεται ἀθάνατος οὖσα.

Anm. 2. Wie φαίνεσθαι werden auch δῆλός εἰμι und φανερός εἰμι construirt, doch auch mit ὅτι, s. §. 94 Anm. 2 b.

Anm. 3. φαίνεσθαι c. infin. heißt scheinen (δοκεῖν).

Anm. 4. Ἐοικέναι scheinen hat folgende Constructionen:

1) ἔοικα πράττων und häufiger ἔοικα πράττοντι.
2) ἔοικα πράττειν.

d) φϑάνειν eher, früher, vorher (mit b. Acc. b. Perf. f. § 22 d.) § 142

Οἱ Ἕλληνες φϑάνουσιν ἐπὶ τῷ ἄκρῳ γιγνόμενοι τοὺς πολεμίους.

Anm. 1. Mit dem Aorist von φϑάνειν (f. § 141 Anm. 1) wird das Part. Aor. verbunden.

Anm. 2. Οὐκ ἂν φϑάνοις z. B. λέγων ist eine Form dringlicher Aufforderung: sage mir gleich.

Anm. 3. Οὐ φϑάνω mit dem Participium und folgendem καί entspricht dem deutschen kaum —, als (f. § 159 Anm. 2.):
Οὐκ ἔφϑασαν τῶν ἐχϑρῶν κρατήσαντες καὶ ἠνώχλουν ταῖς πόλεσιν.

ὑπάρχειν zuerst, d. i. früher als ein andrer (andre):
Ἐάν τις ἡμᾶς εὖ ποιῶν ὑπάρχῃ, οὐχ ἡττησόμεϑα εὖ ποιοῦντες.

Anm. 4. Ueber ἄρχομαι c. Part. und c. Infin. f. § 143.

4. bei den Verben § 143

anfangen ἄρχεσϑαι und aufhören λέγειν, παύεσϑαι, aushalten, ausdauern ἀνέχεσϑαι, καρτερεῖν, müde werden κάμνειν, ἀπαγορεύειν:

Ἀνανδρία
τὸ μὴ δύνασϑαι καρτερεῖν λυπούμενον.

Anm. 1. Ἄρχομαι λέγων betont den Anfang im Gegensatz zu Fortsetzung und Ende, ἄρχομαι λέγειν die Handlung, die jemand beginnt oder unternimmt.

Anm. 2. Auch bei dem causativen παύειν aufhören machen steht das Participium, aber in Beziehung auf das Object: παύω τινὰ λέγοντα.

Anm. 3. Bei ἀνέχεσϑαι steht der absolute Genitiv, wenn das Participium ein andres Subject hat:
Ἀνέχομαι τῶν οἰκείων ἀμελουμένων.

5. bei den Verben § 144

recht und unrecht tun εὖ, καλῶς ποιεῖν — ἀδικεῖν, ἁμαρτάνειν
Ἀδικεῖτε πολέμου ἄρχοντες.

überlegen sein und nachstehen νικᾶν-ἡττᾶσϑαι
Νικῶ εὖ ποιῶν τινα.

6. bei den Verben der Gemütsstimmung: § 145

zufrieden und unzufrieden sein ἀγαπᾶν-ἀγανακτεῖν,
ἄχϑεσϑαι, χαλεπῶς (βαρέως) φέρειν,
sich freuen χαίρειν, ἥδεσϑαι,
sich schämen αἰσχύνεσϑαι, bereuen μεταμέλεσϑαι

Ἀγαπῶσι νικώμενοι ὑπὸ μικροτέρων. Μή μοι ἄχϑεσϑε λέγοντι τἀληϑῆ.
Πᾶς ἀνὴρ κἂν δοῦλος ᾖ τις ἥδεται τὸ φῶς ὁρῶν.
Χρημάτων οὐκ αἰσχύνει ἐπιμελούμενος ὅπως σοι ἔσται ὡς πλεῖστα;

Anm. 1. Αἰσχύνεσϑαι c. infin. heißt ich unterlasse aus Scham oder Scheu, c. part. ich schäme mich, daß ich —.
Αἰσχύνομαι πλουτοῦντι δωρεῖσϑαι φίλῳ.

4*

Anm. 2. *Μεταμέλει μοι* es gereut mich hat den Dativ des Particips bei sich:

Μεταμέλει μοι ποιήσαντί τι.

Anm. 3. Ueber *ὅτι* und *εἰ* bei den Verben der Gemütsstimmung s. § 96 Anm. 1.

Das Participium steht als prädicative Bestimmung
b. in Beziehung auf das Object:

§ 146 1. bei folgenden Verben der sinnlichen oder geistigen Wahrnehmung:

ὁρᾶν, ἀκούειν, αἰσθάνεσθαι, πυνθάνεσθαι, γιγνώσκειν, μανθάνειν, συνιέναι

sowie bei wissen, sich erinnern, vergessen *εἰδέναι, ἐπίστασθαι, μιμνίσκεσθαι (μεμνῆσθαι), ἐπιλανθάνεσθαι,*

wenn der Gegenstand der Wahrnehmung u. s. w. als eine Tatsache bezeichnet werden soll.

§ 147 Ist das Object zugleich Subject, so wird es weggelassen und das Particip in den Casus des Subjectes gesetzt:

Οἶδα ἄνθρωπος ὤν. — Μέμνησο θνητὸς ὤν. — Διαβεβλημένος οὐ μανθάνεις;

Anm. Bei *σύνοιδα ἐμαυτῷ* u. s. w. steht das Particip entweder im Nominativ oder im Dativ, z. B. *ἀδικῶν* oder *ἀδικοῦντι.*

§ 148 Für das Participium kann im gleichen Sinn ein Nebensatz mit *ὅτι* eintreten, wogegen der Infinitiv (acc. c. inf.) den Gegenstand nicht als Tatsache bezeichnet und daher z. B. bei *ὁρᾶν* sehen und *εἰδέναι* wissen durchaus unzulässig ist.

Im Einzelnen merke:

§ 149 α) *ἀκούειν* hat folgende Constructionen:

1) *ἀκούω σου ᾄδοντος* höre dich singen (mit eigenen Ohren)

2) *ἀκούω σε ᾄδοντα* oder *ὅτι ᾄδεις* höre von andern, daß du singst (als Tatsache)

3) *ἀκούω σε ᾄδειν* höre, daß du singst (nicht als Tatsache)

Der gleiche Unterschied der Constructionen tritt bei *αἰσθάνεσθαι* ein.

§ 150 β) Der Infinitiv muß stehen bei

1) *αἰσθάνεσθαι* und *γιγνώσκειν,* wenn sie meinen und urteilen bedeuten,

2) *γιγνώσκειν* beschließen,
εἰδέναι, ἐπίστασθαι verstehen,
μανθάνειν lernen,
μεμνῆσθαι darauf bedacht sein,
ἐπιλανθάνεσθαι vergessen,
⎱ etwas zu tun

Δίκαιος ἀδικεῖν οὐκ ἐπίσταται τρόπος.
Μέμνησο πλουτῶν τοὺς πένητας ὠφελεῖν.

Anm. Auch περιορᾶν wird in der Bedeutung aus Unachtsamkeit etwas geschehen lassen wie ἐᾶν mit dem Infinitiv construirt, z. B. τόνδε δύναμιν προσλαβεῖν περιόψεσθε ἦν οὐ δίκαιον. Häufiger jedoch wird es wie ὁρᾶν mit dem Participium verbunden, z. B. περιορᾶν ἀδικουμένους τοὺς συμμάχους.

Ferner steht das Particip als prädicative Bestimmung in Beziehung auf das Object:

2. bei folgenden Verben, die sich als Causativa der Verba **§ 151** der sinnlichen und geistigen Wahrnehmung auffassen lassen:

α) zeigen, dartun, nachweisen, beweisen δεικνύναι, ἀπο- (ἐπι-) δεικνύναι, δηλοῦν, ἀποφαίνειν, überführen ἐλέγχειν, ἐξελέγχειν.

Δεῖξον οὐ πεποιηκότα σεαυτόν. — Ἐπιδείκνυμί τινα ψευδῆ λέγοντα. — Ἐξελέγχω τινὰ ἐπιορκοῦντα.

β) darstellen, etwas tun lassen, z. B. in einem Gedicht, ποιεῖν (facere), annehmen, voraussetzen τιθέναι.

Ποιεῖ διαλεγόμενον facit colloquentem. — Τίθημί σε ὁμολο-γοῦντα.

Anm. Auch ἀγγέλλειν kann mit dem Particip verbunden werden, wenn die Nachricht als Tatsache hingestellt werden soll: Τισσαφέρνης πρῶτος βασιλεῖ Κῦρον ἐπιβουλεύοντα ἤγγειλε.

3. bei den Verben:　　　　　　　　　　　　　　　　　　　**§ 152**

finden, antreffen, ertappen bei einer Handlung oder in einem Zustand, εὑρίσκειν, καταλαμβάνειν, φωρᾶν, passiv: ἁλί-σκεσθαι.

Anm. Εὑρίσκειν wird auch in der Bedeutung durch Nachdenken finden mit dem Particip verbunden.

Die Negation bei dem prädicativen Participium (§§ 138—152) **§ 153** ist in dem § 131, 2 bezeichneten Fall μή, sonst stets οὐ.

Die Verbaladjectiva.

1. Die Verbaladjectiva auf τός bezeichnen, daß die Handlung an **§ 154** einem Gegenstand oder einer Person

a) geschehen ist, z. B. στρεπτός gedreht,

b) ausgeführt werden kann, z. B. στρεπτός drehbar:

Der letztere Gebrauch ist der gewöhnliche:

Ὁ ποταμὸς διαβατός ἐστιν der Fluß kann überschritten werden.

2. Die Verbaladjective auf τέος bezeichnen, daß die Handlung **§ 155** geschehen muß, und zwar,

1) in persönlicher Construction:

Ὁ ποταμὸς διαβατέος ἐστίν muß überschritten werden.

2) in unpersönlicher Construction:

Τὸν ποταμὸν διαβατέον ἐστίν.

Οὐχὶ ὑπεικτέον οὐδὲ ἀναχωρητέον οὐδὲ λειπτέον τὴν τάξιν.

Anm. Haben Activ und Medium verschiedene Bedeutung, so kann das Ver=
baladjectivum beide Bedeutungen haben: πειστέον man muß überreden und
man muß gehorchen, φυλακτέον man muß bewachen und sich hüten.

VI. Von den Partikeln.

Negationen.

§ 156 1) Über den Gebrauch von οὐ und μή und ihren Zusammen=
setzungen in Haupt= und Nebensätzen s. §§ 84. 94—99. 101. 103.
109. 110. 112—118. 122. 125. 126. 131—134. 153.

Anm. 1. Nicht selten werden die einfachen Negationen οὐ und μή mit
den entsprechenden zusammengesetzten Negationen (οὐδείς, οὐδέποτε, οὔτε u. s. w.
μηδείς, μηδέποτε, μήτε u. s. w.) verbunden, und zwar

a. ohne Aufhebung der Negation, wenn οὐ oder μή vorangeht:

Οὐκ ἔστιν οὐδὲν κρεῖττον ἢ νόμοι πόλει.

b. mit Aufhebung der Negation, wenn οὐ oder μή folgt:

Οὐδεὶς τοῦτ᾽ οὐ πείθεται.

Die Negation wird auch dann nicht aufgehoben, wenn nur zusammengesetzte
Negationen verbunden werden:

Οὐδεὶς πώποτε Σωκράτους οὐδὲν ἀσεβὲς οὐδὲ ἀνόσιον οὔτε
πράττοντος οὔτε λέγοντος ἤκουσεν. Niemand — jemals — etwas —
oder — oder —.

Anm. 2. Die Negation οὐ verwächst mit einigen Verben so eng zu
einem Begriff, daß sie, auch wo sonst μή steht, unverändert bleibt; so
οὔ φημι, leugne, mit dem Inf. Fut. weigere mich, οὐκ ἐῶ verwehre =
κωλύω, οὐκ ἐθέλω, weigere mich, z. B. ἐάν τε οὐ φῆτε ἐάν τε φῆτε.

2. Οὐ und μή werden in folgenden Fällen mit einander ver=
bunden:

§ 157 1) μὴ οὐ steht

a) in den Sätzen, die eine Befürchtung enthalten, s. § 101, c,

b) bei dem Infinitiv

α) nach negativen Ausdrücken, die bedeuten es ist nicht
möglich oder nicht recht, wo im Deutschen ein Satz mit daß
nicht oder nicht zu folgt:

οὐ δύναμαι, οὐχ οἷός τ᾽ εἰμί, οὐ συγχωρεῖ es geht nicht
an, οὐδεμία μηχανή ἐστι (es ist keine Möglichkeit), αἰσχρόν (οὐ
καλόν) ἐστι, δεινόν (οὐχ ὅσιον) ἐστι, αἰσχύνη ἐστίν.

Οὐ δύναμαι μὴ οὐχὶ μισεῖν τὸν ψευδόμενον es ist mir nicht
möglich, nicht zu hassen. Αἰσχύνη ἐστὶ μὴ οὐ συσπουδάζειν.

β) im Deutschen nicht zu übersetzen nach den negativen Verben
sich scheuen u. s. w. (s. § 126 Anm. 1) und leugnen
(ἀπαρνεῖσθαι), wenn dieselben in einem negativen Satz
stehen:

> Τίνα οἴει ἀπαρνήσεσθαι μὴ οὐχὶ ἐπίστασθαι τὰ δίκαια;

2) οὐ μή, eigentlich οὐ δεινόν ἐστι μή, mit dem Conjunctiv § 153
(meist des Aorist oder mit dem Ind. Futur. steht in der Bedeutung
schwerlich:

> Ἢν ἅπαξ δύο ἢ τριῶν ἡμερῶν ὁδὸν ἀπόσχωμεν, οὐκ ἔτι μὴ
> δύνηται βασιλεὺς ἡμᾶς καταλαβεῖν.

Conjunctionen in beigeordneten Sätzen.

Vorbemerkung. Alle Conjunctionen, die nicht die erste Stelle im Satz
einnehmen dürfen, sind im Folgenden als postpositiv bezw. enclitisch
bezeichnet:

A. Copulative Conjunctionen.

1. καί und τέ (encl.)

1) καί (et) dient zur Verbindung von Wörtern und Sätzen, τέ § 159
(que) für sich fast nur von Sätzen:

Anm. 1. In der Erzählung steht καί oft im Anfang des Satzes im
Sinn des deutschen Da. So καὶ ὅς beim Wechsel der Person in einem Ge-
spräch, z. B. καὶ ὃς ἐθαύμαζε, τίς παραγγέλλει, καὶ ἤρετο ὅ τι καὶ εἴη
τὸ σύνθημα, da konnte sich dieser nicht erklären u. s. w. Vgl. § 1, 2.

Anm. 2. Καί (auch τέ-καί) coordinirt Sätze, die im Deutschen und
Lateinischen mit als und cum subordinirt werden, nach ἤδη (iam), οὔπω
(nondum), οὐκ ἔφθασα (vix s. § 142 Anm. 3.)

> Οἱ Λακεδαιμόνιοι οὐκ ἔφθασαν πυθόμενοι τὸν περὶ τὴν Ἀττι-
> κὴν πόλεμον καὶ ἧκον ἡμῖν ἀμυνοῦντες.

Ἤδη τε ἦν περὶ πλήθουσαν ἀγορὰν καὶ ἔρχονται παρὰ βασιλέως κήρυκες.

Anm. 3. Καί steht nach Adjectiven und Adverbien der Gleichheit
und der Aehnlichkeit wie ac = wie:

> Παραπλήσια ἐπεπόνθεσαν οἱ Ἀθηναῖοι ἐν Συρακούσαις καὶ
> ἔδρασαν αὐτοὶ ἐν Πύλῳ.

Anm. 4. In der Verbindung καὶ — δέ ist καί das steigernde, δέ
das verbindende Element: und auch, und sogar, atque etiam, atque
adeo, quin etiam:

> Καὶ ἀρχικὸς δὲ ἐλέγετο εἶναι (atque etiam ad imperandum factus
> esse dicebatur).

Negativ steht dafür οὐδέ — δέ.

2) καί — καί (seltener τέ — τέ) ist durch sowohl — als
auch, einerseits — andrerseits, nicht nur — sondern auch,
τέ — καί meist durch bloßes und zu übersetzen:

> καὶ ζῶν καὶ τελευτήσας et vivus et mortuus, νύκτας τε καὶ ἡμέρας
> dies noctesque.

Anm. 5. Merke ἄλλα τε — καί cum alia tum — ,ἄλλως τε καί praesertim, καὶ δή καὶ und so denn auch.

§ 160   2. Ein negativer Satz wird an einen affirmativen durch καὶ οὐ (μή), an einen negativen durch οὐδέ (μηδέ) angeknüpft. Οὐδέ ist in diesem Fall oft einfach durch und oder auch zu über= setzen, z. B. οὐδ' ἐάν auch wenn:

Anm. 1. Οὐδέ ohne vorhergehende Negation ist ne — quidem in den beiden Bedeutungen: auch nicht und nicht einmal. Dieses οὐδέ nimmt oft nachdrucksvoll die einfache Negation οὐ wieder auf: οὐ δύναται οὐδὲ νῦν εὖ ποιεῖν τοὺς φίλους (non potest ne nunc quidem amicis benefacere) vgl. § 156 Anm. 1.

Anm. 2. Nach οὐδέ nicht einmal heißt μὴ ὅτι so viel als ge= schweige denn (ne — quidem — nedum).

§ 161   3. Dem lateinischen neque — neque entspricht οὔτε (μήτε) — οὔτε (μήτε); dem lateinischen neque — et οὔτε (μήτε) — τε (einer= seits nicht — andrerseits aber = nicht — aber (sondern):

Ὤμοσαν μήτε προδώσειν ἀλλήλους σύμμαχοί τε ἔσεσθαι.

Anm. Wo sich οὐδέ (μηδέ) — οὐδέ (μηδέ) zu entsprechen scheinen, heißt das erstere ne — quidem, das zweite neque (noch auch):

Σύ γε οὐδ' ὁρᾶν γιγνώσκεις οὐδὲ ἀκούων μέμνησαι.

Ebenso ist, wenn auf οὔτε — οὔτε ein οὐδέ folgt, dieses einem der beiden Glieder subjungirt.

B. Disjunctive Conjunctionen:

§ 162   ἤ vel oder aut, ἤ — ἤ vel — vel oder aut — aut, εἴτε — εἴτε (ἐάν τε — ἐάν τε) sive — sive.

C. Adversative Conjunctionen:

§ 163   1) ἀλλά im Anfang des Satzes:

a) wie das lat. at, namentlich bei Einwürfen, scharfen Erwiderungen oder Gegensätzen, bei Aufforderungen und nach εἰ im Sinne von doch wenigstens:

Εἰ σῶμα δοῦλον, ἀλλ' ὁ νοῦς ἐλεύθερος.

b) wie das lat. sed nach einer Negation berichtigend, wie auch δέ gebraucht werden kann.

Ἀλλὰ καί, oder bloß ἀλλά, sondern auch (sogar) und ἀλλ' οὐδέ sondern nicht einmal stehen nach:

οὐ μόνον, μὴ ὅτι   nicht nur,
μὴ ὅτι, οὐχ ὅπως   nicht nur nicht:

Μὴ ὅτι ἰδιώτης τις, ἀλλ' ὁ μέγας βασιλεύς non modo priva- tus quis, sed ipse rex.

Ἀπατούριος μὴ ὅτι δικάσασθαι, ἀλλ' οὐδ' ἐγκαλέσαι μοι ἐτόλ- μησεν non modo non, sed ne — quidem.

Πάντες ἀξιοῦσιν οὐχ ὅπως ἴσοι, ἀλλὰ καὶ πρῶτος ἕκαστος εἶναι.

c) Ἀλλ᾽ οὐ (μή) ist das lat. ac non und nicht vielmehr.

d) das einfache ἀλλά wird verstärkt durch vortretendes οὐ μήν:

οὐ μὴν ἀλλά = et tamen, verum tamen.

2) δέ (postpositiv), autem, aber, oft nur anknüpfend und.　§ 164

Dem δέ pflegt im Vorhergehenden ein gleichfalls postpositives μέν zu entsprechen, welches bei einem wirklichen Gegensatz durch zwar oder durch Verwandlung des ersten Gliedes in einen Nebensatz mit während, bei einer bloßen Gegenüberstellung der Glieder aber gar nicht zu über= setzen ist; so namentlich bei Einteilungen:

ὁ μέν — ὁ δέ der eine — der andere
ἔνθα μέν — ἔνθα δέ hier — dort
τοτὲ μέν — τοτὲ δέ tum — tum, modo — modo
ἅμα μέν – ἅμα δέ, simul — simul,
πρῶτον μέν — εἶτα δέ, aber auch εἶτα oder ἔπειτα allein, endlich auch δέ allein.

Anm. Zu δέ tritt αὖ (δ᾽ αὖ) um den Gegensatz zu schärfen: auf der andern Seite, hingegen, hinwiederum, rursus.]

3) Andre Adversativpartikeln sind:　§ 165

μήν, μέντοι, beide postpositiv, dem lat. vero entsprechend und wie dieses auch als Versicherungspartikel, namentlich in Antworten gebraucht, stehen in nachdrucksvollen Einwendungen: jedoch, οὐ μήν (μέντοι) neque vero (tamen).

ἀλλὰ μήν und καὶ μήν at vero, atqui und doch oder iam vero, ferner, zu etwas Neuem, Stärkerem überführend,

καίτοι indeß: καίτοι τί φημι; quamquam (verum) quid loquor?

ὅμως oder ἀλλ᾽ ὅμως dennoch, tamen, meist nach Concessivpartikeln oder einem concessiven Participium.

D. Die causale Partikel

γάρ (postpositiv) führt nicht bloß einen Grund (denn), sondern § 166 auch eine Erklärung (nämlich) ein.

Das erklärende γάρ steht häufig, für das Deutsche nicht übersetzbar, nach Demonstrativis, welche auf das Folgende hinweisen, und nach den elliptischen Ausdrücken: τεκμήριον δέ, σημεῖον δέ, μαρ- τύριον δέ, τὸ δὲ μέγιστον, nämlich τόδε ἐστίν:

Anm. καὶ γάρ, im Anfang des Satzes, heißt teils etenim, teils nam etiam = καὶ γάρ καί.

Ferner steht γάρ:

1) in Fragen wie denn, und zwar nicht bloß nach Frage= wörtern:

Οἴει γάρ σοι τὸν ἀδελφὸν μαχεῖσθαι; glaubst du denn —?

2) in Antworten in Beziehung auf ein ausgelassenes Ja oder Nein,

3) ἀλλὰ γάρ at enim aber ja, um einen Einwurf einzuführen.

E. Conclusive Partikeln.

167   1) Die postpositive Partikel οὖν leitet etwas aus dem Vorher=
gehenden als Ergebniß ab: folglich, ergo,
    nimmt nach einer Parenthese den Faden wieder auf (igitur),
    geht nach einer allgemeinen Ankündigung (propositio) auf das
Thema näher ein (igitur).

    Anm. Καὶ γὰρ οὖν im Anfang des Satzes heißt darum natür=
lich, z. B. Kyros war durchaus wahr und zuverlässig: καὶ γὰρ οὖν
ἐπίστευον αὐτῷ αἱ πόλεις ἐπιτρεπόμεναι.

    In Antworten steht οὖν bekräftigend: οὔκουν gewiß nicht
(οὐκοῦν ist entweder also, sonach oder in der Frage also nicht?
s. § 168 A. 1), πάνυ μὲν οὖν ganz gewiß, in der Tat.

    γοῦν (γὲ οὖν, postpositiv) heißt wenigstens.

    δ᾿ οὖν (postpositiv) führt im Gegensatz zu dem nur Vermuteten
das Gewisse ein: sicher aber ist, daß.

    2) ἄρα (postpositiv) bezeichnet etwas als natürlich oder unmittelbar
sich ergebend (also, eben, öfters nämlich, natürlich, scilicet oder
nimirum).

    3) τοίνυν (postpositiv), itaque; nachdrücklich an erster Stelle des
Satzes τοιγαροῦν, τοιγάρτοι daher denn.

    *Κῦρος οὐδενὶ πώποτε ἀχάριστον εἴασε τὴν προθυμίαν. Τοι-
γαροῦν κράτιστοι‌ ὑπηρέται παντὸς ἔργου αὐτῷ ἐλέχθησαν γενέσθαι.*

F. Fragepartikeln.

168   1. In der einfachen directen Frage sind folgende Partikeln
üblich:

    1) ἆρα, -ne, läßt als Antwort erwarten ja oder nein,
    ἆρ᾿ οὐ oder οὐ allein, nonne, läßt erwarten ja;
    ἆρα μή oder μή allein, num, wünscht nein als Antwort,
    doch mit der Befürchtung, daß sie nicht wird gegeben werden
    (s. § 101, c, 2).
    ἆρά γε μὴ ἐμοῦ προμηθεῖ; du bist doch nicht meinetwegen besorgt?
    (Ich wünsche, daß du nicht meinetwegen besorgt bist, aber ich fürchte
    du bist es.)
    Anm. 1. Οὐκοῦν heißt nonne ergo, s. § 167.
    Anm. 2. Wie μή steht auch μῶν (aus μὴ οὖν entstanden) im
Sinne von num, doch nicht gar.

    2) ἦ, wirklich, wohl:
    Ἦ καὶ ἐθέλοις ἂν ὑπὲρ τούτου ἀποθανεῖν;
    3) ἄλλο τι ἤ (ist es etwas anders als?) oder bloß ἄλλο τι
nicht wahr?
    Ἢν τοὺς λίθους ἀναλώσωσιν, ἄλλο τι ἢ οὐδὲν κωλύει παριέναι;

    2. In der directen Doppelfrage stehen:
    1) πότερον (-α) -ἤ,
    2) keine Partikel -ἤ.

Pierer'sche Hofbuchdruckerei. Stephan Geibel & Co. in Altenburg.